Heilungsprozess für Adoptierte

... ein Weg zur Verarbeitung

Joe Soll, LCSW

Deutsche Übersetzung und Bearbeitung von
Cornelia Nietzschmann

Ebenfalls von Joe Soll als Autor und Co-Autor erschienen:

Adoption Healing... a path to recovery (2000)

Adoption Healing... a path to recovery for mothers who lost babies to adoption (2003)
mit Karen Buterbaugh Wilson

Evil Exchange (2006)
mit Lori Paris

Fatal Flight (2011)
mit Lori Paris

Adoption Healing ... a path to recovery - Supplement (2012)

Adoption Healing... a path to recovery - Articles, etc. (2013)

Perilous Passage (2014)

Richten Sie Ihre Anfragen bitte an:

Joe Soll, LCSW
74 Lakewood Drive
Congers, NY 10920
E-Mail: joesoll@adoptionhealing.com

Erster Druck der englischen Fassung, Baltimore, 2000
Zweiter Druck der englischen Fassung, Baltimore, 2005

Deutsche Übersetzung und Bearbeitung anhand der zweiten
Edition der englischen Fassung, Köln, 2014

Library of Congress Cataloging – in Publication Data

Soll, Joe
        Adoption healing ...a path to recovery / Joe Soll.
        p.cm.
        Includes bibliographical references.
        ISBN 968-0-692-29479-6
        1. Adoption—Psychological aspects.
        2. Adoptees—Psychology.
        3. Adopted children—Psychology
        4. Psychic trauma
        5. Psychotherapy

            HV875.S644 2000
            362.73'4—dc21
            00-023256

Widmung

Für meine leibliche Mutter,
wer und wo auch immer sie ist,
in Liebe,
und für alle, die entweder
durch eine Adoption vermisst
werden oder wurden.

Inhaltsverzeichnis

Inhalt.. vi

Anmerkungen des Autors....................................viii

Danksagungen... x

Vorwort xiii

Prolog: Politische Hintergründe zum Thema Adoption xv

Behutsam vorgehen... xix

Einleitung... xx

Willkommen xxiv

Teil Eins: Das Fehlende Selbst 1

    Kapitel 1: Ursprung...2

    Kapitel 2: Die Ur-Wunde: Das Erste Trauma 8

    Kapitel 3: Zeit der Entdeckung: Das Zweite Trauma............ 18

    Kapitel 4: Ödipus Bruchstücke.................................24

    Kapitel 5: Die Fraktur: Das Dritte Trauma....................28

    Kapitel 6: Die Scherben aufsammeln.............................37

    Kapitel 7: Unvollständiger Übergang 44

    Kapitel 8: In der Schwebe: Die Hölle, nicht die Wahrheit zu
        wissen 56

Teil Zwei: Die Suche nach dem Selbst 65

    Kapitel 9: Die Wahrheit schmerzt...............................68

    Kapitel 10: Notfallplan: Behandlung der Ur- Wunde.............75

    Kapitel 11: *Wirklich* über Adoption sprechen 79

    Kapitel 12: Geisterjäger...87

    Kapitel 13: Die Fraktur verhindern 92

    Kapitel 14: Aufbau einer Authentischen Identität 98

    Kapitel 15: Das Leben in die Hand nehmen, mit und ohne
        Therapie 107

Teil Drei: Heranführung an gesündere Adoptionen 122

    Kapitel 16: Ein Wunschzettel................................. 123

Teil Vier: Sich Hilfe suchen **127**

Kapitel 17: Die Wahl des richtigen Therapeuten 128

Kapitel 18: Aus der Sicht des Therapeuten 132

Kapitel 19: Eine Selbsthilfegruppe finden 136

Teil Fünf: Herausforderung der Heilung **141**

Kapitel 20: Das Innere Kind heilen: Ein innovativer Ansatz . 148

Kapitel 21: Wut 156

Kapitel 22: Visualisierungstechniken 160

Kapitel 23: Affirmationen 165

Kapitel 24: Trauerarbeit für Adoptierte 170

Kapitel 25: Der Weg einer Frau 173

Kapitel 26: Der Respekt, den wir nie bekommen haben 177

Teil Sechs: Anhänge **185**

Anhang A: Was Adoptierte Nicht Hören Möchten 186

Anhang B: Was Leibliche Eltern Nicht Hören Möchten 188

Anhang C: Was Adoptiveltern Nicht Hören Möchten 190

Anhang D: Über versiegelte Adoptionsakten 191

Anhang E: Verlust durch die Freigabe zur Adoption 195

Anhang F: Aktivitäten mit dem Inneren Kind 199

Anhang G: Zeitungsartikel 202

Anhang H: Quellenangaben und Literaturempfehlungen 212

Epilog **216**

Über den Autor **221**

Über die Übersetzerin **223**

Anmerkungen des Autors:

Ich habe mit etwa genauso vielen leiblichen Müttern[1] wie Adoptierten zusammengearbeitet und es ist für mich offensichtlich, dass die psychologischen Erfahrungen des Adoptierten und der leiblichen Mutter nach einer Trennung fast identisch sind. Die Folgen, die Auswirkungen ihrer Erfahrung auf ihr Leben, verlaufen parallel zwischen Adoptierten und leiblichen Müttern.

Die Erfahrung der leiblichen Mutter wurde von der Gesellschaft größtenteils nicht beachtet und nicht anerkannt, obwohl die Auswirkungen des Verlustes ihres Babys lebenslang und tiefgründig sind und verstanden werden müssen.

Als ich begonnen habe dieses Buch zu schreiben, war meine Absicht ein Werk hervorzubringen, das sowohl Adoptierten als auch leiblichen Müttern hilft. Obwohl ich mich entschlossen habe den Fokus auf die Heilung des Adoptierten zu legen, sind die Schritte zur Heilung für leibliche Mütter fast iden-

> Adoptierte und ihre leiblichen Mütter erleben „ein gemeinsames Trauma, eine gemeinsame Zerstörung und ein gemeinsames Heilungspotential. Viele leibliche Mütter werden beim Lesen dieses Buches sagen: ‚Ich FÜHLE mich GENAUSO. Das bin ICH!" Ich fühlte mich ‚leer' in den Momenten, wo ich dieses Buch gelesen habe. Ich ‚fühlte' die LEERE des Adoptierten." – Jane Guttman

tisch. Ich hoffe, dass die leiblichen Mütter, die dieses Buch lesen, in der Lage sind, dies einfließen zu lassen und einige der hier vorgestellten Heilungsmethoden für sich selbst verwenden können.

---

1 Der Begriff „leibliche Mutter" wird verwendet um eine Frau zu beschreiben, die ihr Kind zur Adoption freigegeben hat und nicht eine Frau, die schwanger ist.

Unabhängig von deiner Lebensgeschichte kann es beim Lesen dieses Buches passieren, dass du emotional aufgewühlt wirst und Gefühle von Angst, Schmerz und Traurigkeit empfindest. Bitte sei dir darüber im Klaren, dass dies normal ist und du mit deinen Gefühlen nicht alleine bist. In den Vereinigten Staaten von Amerika gibt es, lediglich in Bezug auf Nicht-Verwandten Adoptionen, sechs Millionen Adoptierte, zwölf Millionen leibliche Eltern und zwölf Millionen Adoptiveltern; dreißig Millionen Personen, die bei jeder Adoption direkt involviert sind.

Schließlich habe ich mich der Einfachheit halber dazu entschlossen durchgehend die weibliche Anrede zu verwenden[2]. Es gibt eine ebenso große Anzahl an Männern, die von Adoptionen betroffen sind und es ist nicht meine Absicht diese durch die Verwendung femininer Pronomina auszuschließen. Ebenso verwende ich der Einfachheit halber den Begriff Adoptiveltern sowohl für zukünftige Adoptiveltern als auch für jene Eltern, die bereits ein Kind adoptiert haben.

---

2 AdÜ: Im Deutschen wird aus grammatikalischen Gründen und zur Erhaltung des Leseflusses – nicht aus mangelnder Sensibilität - auf die ausschließliche Verwendung der weiblichen Anrede verzichtet. Die Wörter „er" und „sein" beziehen sich auf Personen beiderlei Geschlechts.

Danksagungen

Ich möchte all jenen Personen danken, ohne die dieses Buch nicht hätte geschrieben werden können. Meiner Schwester Susan, die mir endlich die Wahrheit über eine Lüge mitgeteilt hat, eine Wahrheit, die mich befreit hat. Meinem Bruder Ray, seiner Frau Maureen und dem Rest meiner Adoptivfamilie für ihre Unterstützung entlang des Weges. Mary Sussillo, deren unendliche Geduld es mir schließlich ermöglichte, meine Schutzmauern fallen zu lassen und mich mit meinen Gefühlen auseinanderzusetzen. Diana, die für beinahe vier Jahrzehnte ein konstanter Lichtblick in meinem Leben war.

Ich danke Professor Robert Chazin, meinem persönlichem Wegweiser; Annette Baran, Reuben Pannor und Joyce Maguire Pavao für ihre Unterstützung und Ermutigung auf diesem Weg; Nancy Verrier für ihre Weisheit und ihren Mut beim Schreiben des Buches *The Primal Wound*; Betty Jean Lifton, für ihre wundervollen Bücher und ihr endloses Wissen; Clarissa Pinkola Estés für ihre tiefgründigen Erkenntnisse; und allen meinen Klienten, von denen ich so viel gelernt habe.

Innerhalb der amerikanischen Adoptions-Reformbewegung danke ich, Florence Fisher, die mir am Anfang den Weg gezeigt hat; Carole Andersen, Janet Fenton und Bonnie Bis von den Concerned United Birthparents (CUB) für ihre konstante Aufklärung und Beratung; Carol Schaefer und Rickie Solinger, für ihre Beiträge und die Kombination aus Energie, Wissen und Heilung, die sie mir auf zahlreichen Konferenzen gegeben haben; Don Humphrey und der Hon. Mary Smith für ihren hartnäckigen Kampf um den Anspruch auf mein Erbe; Bob Andersen und Rhonda Tucker für das Verfassen des Buches *The Bridge Less Traveled* und für ihre Unterstützung; Gail Davenport für ihre stete Präsenz als Freundin; die verstorbene Jean Paton, die vor etwa einem halben Jahrhundert als erste Adoptierte den Mut hatte sich auf die Suche nach ihrer Herkunft zu begeben und darüber zu schreiben. Charlotte Hood für ihren Glauben an mich. Sandy Musser für ihre Courage für ihre Überzeugungen einzutreten. Sowie meinen Bekanntschaften an der Westküste Karen, Mimi und Sharonfaith dafür, dass sie besondere Mütter in meinem Leben sind, der verstorbenen Emma May Vilardi, welche die International Soundex Reunion Registry gegründet hat, ihrem Ehemann Tony, der ihren Traum fortgesetzt hat, Carol F oder C aus CT oder PA dafür, dass sie einfach da war, Celeste für ihre unvergessene Hilfe auf Konferenzen und schließlich Dee-Ann Macomson (und ihrer Tante Edith), die über viele Jahre hinweg mit mir Seite an Seite im Büro gearbeitet haben.

Für ihr Engagement zur Adoptionsreform gilt mein Dank meiner speziellen „March Family", jenen die die sechs jährlichen Märsche von New York City nach Washington, D.C., mit mir geteilt haben und dabei gemeinsam eine Strecke von 250 Meilen Highway bei fast 100°F Hitze, Regen und Autoabgasen bewältigt haben, um die Adoptionswelt für alle Betroffenen besser zu machen: Ann C., ihrem Ehemann Martin und ihrem Sohn Charlie (im Uterus); Ann H.; Anna & ihren Söhnen Avhram & Franklin; Barbara; Becky; Bob; Celeste & ihrem Sohn Scotty; DeeAnn; Desireé; Don; Geralynn; Ginger; Joyce; Judy & Dave; Kathy; Kristin; Laura & ihren Kindern Brian, Katie und Suzie; Leah; Lisa & ihrer Mutter Corinne; Marge; Marilyn; Mark; Mia; Michelle; Nancy C; Nancy H. & ihren Töchtern Shayna, Sarah, Shannon; Sue und schließlich Viney.

Der ideenreichen und unvergleichlichen amerikanischen Songwriterin Gladys Shelley bin ich dankbar für das Verfassen des wunderschönen Liedes *I Wonder Who My Mother Is?*, welches ich singen und aufnehmen durfte.

Ohne die preisgekrönte Autorin des Buches *Where are My Birthparents*, Karen Gravelle, die mir überhaupt erst vorgeschlagen hat dieses Werk zu verfassen und deren Worte, gemeinsam mit meinen eigenen, Teil dieses Textes sind, gäbe es dieses Buch nicht. Dank geht auch an Darlene Gerow für ihren Beitrag *Verlust durch die Freigabe zur Adoption*. Für ihre Redaktionsassistenz beim Verfassen dieses Buches und für ihre Beiträge in der Adoptionswelt danke ich Jane Guttman. Große Dankbarkeit gilt meiner Herausgeberin, Ann Hege Hughes, für viele Jahre der Ermutigung und ihre unendliche Unterstützung.

Besonderen Dank an Julie Goldman, die mir durch dick und dünn in meinem Bemühen dieses Werk zu verfassen beigestanden hat.

Vorwort

„Man sagt immer, dass die Zeiten die Dinge ändern,
aber in Wirklichkeit muss man sie selbst ändern." – Andy Warhol

Während ich im ganzen Land Lesungen in Buchläden, Bibliotheken, bei Trägern sozialer Dienste und anderen Einrichtungen halte, wird mir oft, in der Regel verärgert, von einem oder mehreren der Anwesenden gesagt, dass ich ihre Seifenblase zerbrochen und ihren Traum zerstört habe.

„Welche Seifenblase habe ich zum Platzen gebracht oder welchen Traum zerstört?", frage ich.

„Den Traum, dass mein Kind glücklich sein wird und keinen Schmerz empfinden wird. Ich wollte nicht wissen, was du mir gesagt hast und ich will es nicht wahrhaben, dass es so ist!"

In diesem Buch geht es um die Wirklichkeiten von Adoption und den Realitäten der inneren Welt der Adoptierten vom Beginn ihres Lebens an. Schuldzuweisungen sind nicht Ziel dieses Buches. Dieses Werk soll zukünftigen Generationen beibringen, wie besser mit Kindern, die nicht bei ihrer leiblichen Familie großwerden können, umgegangen werden kann.

Vieles von dem, was ich schreibe, habe ich von dem umfangreichen Fachwissen und Weisheiten meiner Mentoren und Kollegen gelernt. Darüber hinaus basiert ein großer Teil auf meiner 18-jährigen Forschungserfahrung, Arbeit mit adoptierten Kindern, Jugendlichen und Erwachsenen sowie leiblichen Eltern und Adoptiveltern.

Ich bin nicht glücklich über das, was ich geschrieben habe, aber es musste geschrieben werden. Es muss als Wissen anerkannt werden, das den bereits Betroffenen bei der Heilung hilft sowie einen Teil des Schmerzes derjenigen, die zukünftig von Adoptionen beeinträchtigt werden könnten, vorbeugen kann. Ich schreibe dieses Buch als ein Adoptierter, der aus seinem Herzen zu Millionen adoptierter „Brüder und Schwestern" spricht, als ein Sohn für Millionen leibliche Eltern und Adoptiveltern und als Kollege für psychosoziale Fachkräfte.

Ich hoffe sehr, dass dieses Geschenk akzeptiert und genutzt wird.

JS, Congers, NY Mai 2008

Prolog:

Politische Hintergründe zum Thema Adoption

Während des größten Teils der Geschichte unseres Landes[3] gab es mehr Kinder, denen eine Familie und ein Zuhause gefehlt haben als Adoptionsbewerber. Selbst Mitte des 20. Jahrhunderts, als es nur wenige Waisenkinder gab, gab es grundsätzlich ausreichend unehelichen Geburten, um Paare mit einem Kinderwunsch entsprechend zu versorgen.

In den 1970er Jahren änderte sich dieses Bild jedoch, zumindest bei der weißen Bevölkerung aufgrund verschiedener Ereignisse grundlegend. Durch die Verfügbarkeit von legalen Abtreibungen ist die Anzahl an unehelichen Geburten von Säuglingen mit weißer Hautfarbe rapide gesunken. Weitere Faktoren reduzierten zusätzlich das Angebot an gesunden Säuglingen weißer Hautfarbe, die zur Adoption freigegeben wurden. Unehelichkeit wurde weniger stigmatisiert und unverheiratete Mütter, die ihre Babys behielten, waren nicht länger soziale Außenseiter oder aufgrund dessen nicht in der Lage doch schließlich Ehemänner zu finden. Durch die steigende Scheidungsrate unter verheirateten Paaren und der daraus resultierenden Verarmung geschiedener Frauen und ihrer Kinder begann sich der ökonomische Status unverheirateter

---

3 AdÜ: Bezogen auf die Situation in den Vereinigten Staaten von Amerika. Im europäischen Raum gelten teils unterschiedliche, politische Hintergründe in Bezug auf Adoptionen.

Frauen mit Kind dem von Familien, die aus einer Ehe entstanden sind, zu ähneln. Hinzu kommt, dass andere Familienformen neben der üblichen Mutter-Vater-Kind Familie akzeptiert wurden, da mehr und mehr Ehen in Scheidung endeten.

Als Folge dieser Veränderungen, wurde das Argument, dass uneheliche Kinder bei verheirateten Paaren besser aufgehoben sind als bei einem unverheirateten leiblichen Elternteil beachtlich geschwächt. Im Gegenteil, wie in *Heilungsprozess für Adoptierte* dargestellt, gibt es mittlerweile fundierte Erkenntnisse, die darauf hinweisen, dass ein bedeutender Teil der Adoptierten anhaltende psychologische Schäden aufgrund der Trennung von ihren leiblichen Müttern und ihren genetischen Wurzeln erleiden.

Einhergehend mit der sinkenden Anzahl von Säuglingen mit weißer Hautfarbe, die zur Adoption freigegeben wurden, gab es eine explosive Erhöhung der Anzahl weißer Paare, die ein Kind adoptieren wollten. Mehrere Faktoren – inklusive dem Trend das Kinderkriegen bis in die 30er Lebensjahre aufzuschieben sowie einem steigenden Vorhandensein sexuell übertragbarer Krankheiten, wie beispielsweise Chlamydieninfektion – resultierten in einer erhöhten Unfruchtbarkeitsrate unter weißen Mittelklassepaaren, welche die Gruppe jener darstellen, aus der traditionell die Adoptiveltern stammen. Während einige von ihnen von den medizinischen Fortschritten bei Unfruchtbarkeit profitiert haben, verbleiben immer noch mehr Paare, die den Wunsch haben Säuglinge mit weißer Hautfarbe zu adoptieren, als Kinder, die zur Adoption freigegeben werden.

Wie Werbeanzeigen in den Zeitungen im ganzen Land zeigen, wurden potentielle Adoptiveltern darauf reduziert für sich als Traumpaar durch Anzeigen in Zeitschriften, Zeitungen und anderen Massenmedien zu werben, in der Hoffnung eine uneheliche Mutter anzulocken, die sie auswählt ihr Kind zu adoptieren.[4] Uneheliche Mütter, auf der anderen Seite fordern immer mehr „offene Adoptionen" als Bedingung für die Freigabe ihres Kindes zur Adoption. Nicht überraschend, möchten die meisten potentiellen Adoptiveltern diese Vereinbarung jedoch wenn möglich vermeiden. Unfruchtbare Paare wollen in der Regel eine Familie gründen, die einer „natürlichen" Familie, welche sie nicht haben können, doch so nahe wie möglich kommt. Dieser Wunsch einer Nicht-Adoptivfamilie zu ähneln, beinhaltet keine wiederkehrende Erinnerung an ihre Unfruchtbarkeit oder das Teilen der Liebe und Loyalität ihres Adoptivkindes mit jemandem außerhalb ihrer eigenen Familie. Selbst Adoptiveltern, die überzeugt sind, dass das Kind von einer offenen Adoption profitiert, nähern sich diesem unbekannten Terrain verständlicherweise mit Ängstlichkeit. Wenn schließlich die Suche/Wiedervereinigung in Gang kommt, müssen sich Eltern, die es geschafft haben ein Kind zu bekommen nun mit der kontinuierlichen Angst auseinandersetzen, dass die Adoption niemals „endgültig" sein wird.

Die widersprüchlichen Bedürfnisse von leiblichen Eltern und ihren Kindern auf der einen Seite und Adoptiveltern auf der anderen haben zu einer besorgniserregenden Polarisierung der Positionen geführt. Diese Umstände werden am dramatischsten in zwei Gesetzesentwürfen aufgezeigt, die vor Kurzem vor der New York State Assembly verhandelt wurden. Der Erste, gesponsort von der Frau des Gouverneurs, forderte die Öffnung der Adoptionsakten. Gleichzeitig besteht der andere Gesetzesentwurf, welcher zumindest die nominale Unterstützung des Gouverneurs hatte, auf versiegelte Adoptionsakten. Auf nationaler Ebene wird dem steigenden politischen Druck die Adoptionsakten zu öffnen, ausgeübt durch die Suche/Wiedervereinigungsgruppen, ein Gesetz von der National Conference of Commissioners on Uniform State Law entgegengehalten. Wenn es in Kraft tritt, würde dieses Gesetz alle Akten für 99 Jahre schließen und Personen, die Informationen

---

4 AdÜ: Diese Praxis ist ebenfalls so nur in den USA möglich.

preisgeben – selbst wenn alle beteiligten Parteien ihr Einverständnis für die Offenlegung erklären - könnten mit Gefängnisstrafen geahndet werden.

Leider gibt es in diesem Klima keine mittlere Position. Während es das Ziel von *Heilungsprozess für Adoptierte* ist die Wunden zu heilen und gesündere Adoptionen zu ermöglichen, unterstützt der Autor entschieden die Öffnung der Adoptionsakten für alle Beteiligten, die Wiedervereinigung zwischen Adoptierten und ihren leiblichen Eltern sowie so weit wie möglich Kinder bei ihren leiblichen Familien zu lassen. Somit wird *Heilungsprozess für Adoptierte* sicherlich für kontroverse Diskussionen sorgen.

Behutsam vorgehen

Auf den folgenden Seiten werde ich Übungen, Visualisierungen und Affirmationen anbieten. Wenn du dich derzeit in Therapie befindest, hole bitte die Zustimmung deines Therapeuten ein, bevor du mit diesen Übungen, Visualisierungen und Affirmationen beginnst. Du kannst sie selbst durchführen, indem du dein erwachsenes Selbst als eine weise und fürsorgliche Person benutzt, aber du brauchst dennoch die Zustimmung deines Therapeuten. Bei einigen Übungen wird dein erwachsenes Selbst für dein verletztes Inneres Kind sorgen. Du kannst die Übungen alleine machen, aber zumindest am Anfang wäre es besser für dich diese mit einem fürsorglichen und unterstützenden Freund oder noch besser in einer Selbsthilfegruppe durchzuführen.

Diese Übungen sollen weder eine Einzeltherapie noch Therapiegruppe, noch eine 12 Schritte Gruppe, an der du möglicherweise teilnimmst, ersetzen. Sie dienen vielmehr dazu die Therapie oder Arbeit in der 12-Schritte-Gruppe zu vertiefen. **Wenn du als Erwachsener Opfer einer sexuellen Misshandlung geworden bist oder schwere seelische Verletzungen erlitten hast**, du als **psychisch krank** diagnostiziert wurdest oder es eine **Geschichte psychischer Erkrankungen** in einer deiner Familien gibt, **solltest du unbedingt professionelle Hilfe in Anspruch nehmen.** Wenn du beim Lesen dieses Buches oder Durchführen der Übungen **seltsame oder überwältigende Gefühle empfindest, HÖRE SOFORT AUF. LEGE DAS BUCH WEG.** Nimm die Hilfe eines professionellen Therapeuten in Anspruch, bevor du weitermachst.[5]

---

[5] Die oben genannten Vorsichtsmaßnahmen wurden im Wesentlichen aus *Das Kind in uns - wie finde ich zu mir selbst* von John Bradshaw übernommen.

Einleitung

„Deine Mutter liebte dich so sehr, dass sie dich weggeben hat."
„Deine richtige Mutter konnte dich nicht behalten/
Ich bin deine richtige Mutter."

Stell dir vor, wie es ist damit aufzuwachsen diese widersprüchlichen Botschaften zu hören. Für sechs Millionen Adoptierte, alleine in den Vereinigten Staaten von Amerika[6], sind sie ein allgegenwärtiger und *äußerst kräftezehrender* Bestandteil ihrer Kindheit. Die langfristige Folge ist eine Zwickmühle, in der Adoptierte gezwungen werden zwischen der sozial inakzeptablen Realität ihrer Erfahrung und einer verzerrten, aber sozial akzeptierten Interpretation ihrer Realität, die durch andere bestimmt wird, zu wählen.

Auf der Grundlage von 18 Jahren täglicher empirischer Forschung mit buchstäblich Tausenden von Adoptierten (Kinder, Jugendliche und Erwachsene) ergründet *Heilungsprozess für Adoptierte* die lähmenden Auswirkungen dieses Dilemmas und den

> „Den frühen Schmerz abzuwehren, führt zu Amnesie über die eigene Kindheit... Der Faden zu dem Kind, das man einst gewesen ist, ist zerbrochen und hinterlässt keine Spur vergangener Erfahrungen. Infolgedessen ist die verletzte Person nicht in der Lage ihre eigenen Gefühle zu erleben, da die Fähigkeit zu Fühlen nicht länger verfügbar ist." – *The Abandoned Child Within* – Kathryn Asper

Versuch von Adoptierten ein sowohl gesundes als auch authentisches psychologisches und soziales Selbstempfinden zu entwickeln. Die Ideen und Theorien, die in diesem Buch zum

---

6 AdÜ: Zwischen 1950 und 2013 fanden in Deutschland 554.932 Adoptionen statt. Darunter 344.882 Fremdadoptionen, also Kinder und Jugendliche, die nicht von Ehegatten oder Verwandten, sondern genetisch völlig fremden Menschen adoptiert wurden. (vgl. Kühn 2013)

Ausdruck kommen, sind das Resultat von Forschung, intensiver Lektüre, Seminaren und Gesprächen mit anderen Adoptionspädagogen bzw. psychosozialen Fachkräften.

Von der frühsten Kindheit an werden Adoptierte mit verbalen und nonverbalen Botschaften von der Außenwelt bombardiert, die ihre inneren Gefühle verneinen und ihren eigenen Erfahrungen widersprechen. Es wird von ihnen erwartet an ihrem Geburtstag, der oftmals der Jahrestag der Trennung von ihrer leiblichen Mutter ist, glücklich zu sein. Ihnen wird gesagt, dass ihre Mutter sie so sehr liebte, dass sie sie weggeben hat – eine Aussage, die den Wunsch geliebt zu werden sicherlich in Frage stellt, und es wird kein Wort über die Beweggründe ihrer Mutter verloren. Ihnen wird zu verstehen gegeben, dass ihre richtige Mutter sie weggab und dass ihre Adoptivmutter nun ihre richtige Mutter ist. Am schädlichsten ist, dass sie von den Übrigen von uns versichert bekommen, dass sie darüber, dass sie im Stich gelassen wurden, kein Gefühl des Verlusts und keine Wut empfinden brauchen oder sollen.

Gefangen zwischen diesen widersprüchlichen Botschaften befinden sich die Adoptierten in einer emotionalen Zerrissenheit. Sie sind nicht in der Lage entweder ihre innere, private Realität oder die fiktionale Realität der Personen um

> „Obwohl es für ihre Seele erforderlich ist zu sehen, verlangt die Gesellschaft um sie herum Blindheit. Obwohl ihre Seele die Wahrheit aussprechen möchte, wird sie unter Druck gesetzt zu schweigen. Weder die Seele des Kindes noch ihre Psyche können sich dem anpassen." – *Women Who Run With the Wolves* – Clarissa Pinkola Estés

sie herum zu akzeptieren. Anstatt eines integrierten Ganzen zersplittert oder zerbricht das Selbstempfinden des Adoptierten in verschiedene Teile. Da die Adoptierten in der Außenwelt funktionieren müssen, wenn sie überleben wollen, wird ihre innere Welt mehr und mehr unterdrückt und gerät schließlich außer Reichweite. Das Überleben wird jedoch mit einem hohen Preis bezahlt. Ohne Zugang zu ihren inneren Gefühlen sind Adoptierte nicht in der Lage ein authentisches Leben zu leben.

Heilungsprozess für Adoptierte wurde geschrieben um Adoptierten, Adoptiveltern und leiblichen Eltern Wissen und Methoden zu vermitteln, die bei der Heilung dieser Verletzungen und *Fraktur*[7] behilflich sein können. Im Verlaufe des Buches werden Ausschnitte aus dem Leben von Adoptierten dargestellt, um die Erscheinungsformen der adoptionsspezifischen Probleme im wirklichen Leben aufzuzeigen sowie das erfolgreiche Aufwachsen und die mögliche Heilung, wenn die Probleme verstanden und richtig angegangen werden.

Mehr als fünfzigtausend Kinder[8] werden jedes Jahr in nichtverwandten US-amerikanischen Familien adoptiert. Seit den 1970er Jahren beinhaltet diese Zahl eine steigende Anzahl an Kindern mit Familien eines anderen kulturellen und/oder ethnischen Hintergrundes. Die spezifischen Probleme von diesen Adoptionen werden im Verlaufe des Buches thematisiert.

Adoption ist eine Familienangelegenheit; dennoch erstrecken sich die Auswirkungen bei Weitem über das Dreieck Adoptierte, Adoptiveltern und leibliche Eltern hinaus. Aus diesem Grunde bietet *Heilungsprozess für Adoptierte* auch den anderen Betroffenen – wie beispielsweise Geschwistern, Ehepartnern, Großeltern und Kindern von Adoptierten – einiges im Umgang mit den Auswirkungen der Adoption.

---

7 AdÜ: Der Begriff Fraktur bezieht sich auf ein von Joe Soll eingeführtes Akronym („Fracture"), das die Anfangsbuchstaben, der bei Adoptierten ausgelösten Gefühle im Alter von etwa sieben Jahren benutzt. Die Fraktur bedeutet, dass ihre Fähigkeit ihre wahren Emotionen zu fühlen, eingeschränkt ist, bis sie Hilfe bekommen. (vgl. Kapitel 5)
8 AdÜ: Gemäß den Daten des Statistischen Bundesamtes wurden im Jahre 2010 in Deutschland 4021 Kinder und Jugendliche adoptiert, darunter befinden sich 1669 Fremdadoptionen.

Dieses Buch richtet sich sowohl an professionelle Psychotherapeuten als auch die **gesamte** Öffentlichkeit. Während es bei den meisten Themen nicht möglich wäre, die beiden Zielgruppen zusammenzubringen, ist das neu entstehende Feld der Adoptionspsychologie eine Ausnahme bei dem professionelle und Laiengruppen ineinander übergehen. Im Gegensatz zu anderen Gebieten der Psychologie, in denen Fachleute richtungsweisend waren, wurden die Ansichten dieses Buches zu einem großen Teil durch die Bemühungen von Adoptierten und leiblichen Müttern, ihre eigenen Erfahrungen zu verstehen, entwickelt. Das Feld der Adoptionspsychologie ist durch das Ausmaß in dem Laien, zum großen Teil auf Basis der Such- und Wiedervereinigungsbewegung, zur Entwicklung der psychologischen Theorie beigetragen haben einzigartig. In Anerkennung dessen, richtet sich *Heilungsprozess für Adoptierte* an alle „Therapeuten" im Leben der Adoptieren –
professionelle Berater, Adoptiveltern, leibliche Eltern, Ehepartner, Familienmitglieder und schließlich die Adoptierten selbst.

> „Wow, es gab wirklich eine Frau, die mich geboren hat!" Marc, ein 37-jähriger Adoptierter als er den Namen seiner leiblichen Mutter herausgefunden hat.

Dieses Buch ist ein Versuch der Aufklärung, ein Versuch eines der am meisten missverstandenen Themen der Welt zu verstehen. Es geht in diesem Buch nicht um Schuldzuweisungen. Es *geht darum* aus unseren Fehlern zu lernen, so dass wir vielleicht das zukünftige Leiden reduzieren können, besonders für jene, die von ihren Kindern, Müttern oder Vätern, Schwestern oder Brüdern getrennt werden.

Willkommen

Herzlichen Glückwunsch! Du hast es bis zu dieser Seite geschafft, was keine Kleinigkeit ist. Adoption ist für die meisten von uns ein Thema des Schreckens (diese Angst mag unbewusst sein). Es kann sicherlich ein sehr Angst einflößendes Thema sein. Du hast einen großen Teil der Angst und Furcht überwinden müssen, allein dieses Buch zu öffnen und nun beginnt erst die richtige Arbeit. Lasst uns mit einem Treffen bei einer Adoptionsselbsthilfegruppe fortfahren. Ich hoffe, dass ihr alle regelmäßig an solchen Treffen teilnehmt. Die Einleitung zu einem typischen Selbsthilfegruppentreffen für jene, die durch Adoption getrennt wurden, lautet wie folgt:

Willkommen zu unserem Selbsthilfegruppentreffen, besonders denjenigen, die zum ersten Mal hier sind. Ich würde gerne erklären, warum das Treffen auf diese Art und Weise abläuft und wie ihr das Meiste daraus mitnehmen könnt. Die meisten von uns sind als adoptierte Per-

> Stell dir vor du wachst mitten in der Nacht mit den schlimmsten vorstellbaren Schmerzen im rechten Bauchbereich auf. Es kann sein, dass du entsetzliche Angst hast, dass der Schmerz ein Zeichen für den Anfang vom Ende ist, ein Hinweis darauf, dass der Blinddarm durchbrechen wird oder du an einer unheilbaren Krebserkrankung leidest. Also gehst du zum Arzt und er teilt dir mit, dass es eine Magenverstimmung ist und dass du Maalox einnehmen sollst. Der Schmerz wird sich nicht verändern, aber dein Erleben des Schmerzes. Du wirst keine Angst vor dem Schmerz haben und er wird anders wahrgenommen werden.

sonen (und für leibliche Eltern von dem Moment der Freigabe an) damit aufgewachsen, dass sie ihre Gefühle über die Erfahrung nicht zum Ausdruck bringen dürfen. Uns wurde beispielsweise gesagt nicht wütend oder traurig zu sein und dass diese Gefühle nicht erlaubt wären. Uns wurde gesagt, dass wir solche Gefühle nicht fühlen *sollen*. Leider funktionieren diese Botschaften nicht. Gefühle können nicht richtig oder falsch sein. Sie sind einfach! Wir müssen in der Lage sein, ausdrücken zu dürfen, was wir fühlen, um unsere Erfahrung zu verifizieren. Es gibt kein *sollte*, wenn es um Gefühle geht. Kannst du dir vorstellen, dass dir jemand sagt, dass du nicht sagen darfst oder sagen *sollst*, dass es draußen kalt ist oder dass es nicht erlaubt ist zu sagen, dass du hungrig bist?

Die schwierigste Aufgabe, der wir uns stellen müssen, ist eine Sprache für unsere Erfahrung zu finden. Wir müssen lernen auszudrücken „Ich fühle mich ... (füge glücklich, traurig, wütend, beschämt, verletzt, ängstlich etc. ein), weil ... (vervollständige die Lücke in Bezug auf deine Adoptionserfahrung)". Wenn wir Dinge laut aussprechen, werden sie real auf eine Art und Weise wie sie es unausgesprochen niemals werden können; und wenn sie real werden, können wir damit beginnen zu verstehen, warum wir uns fühlen wie wir uns fühlen; und wenn wir verstehen warum, können wir die Art und Weise wie unsere Erfahrung uns beeinflusst, verändern. Wir können einen Prozess beginnen, um nicht Angst vor unseren Gefühlen zu haben. Wir können lernen, dass unsere Gefühle uns nicht umbringen werden, auch wenn es sich oftmals so anfühlt, als könnten sie es. Wenn wir keine Angst mehr vor unseren Gefühlen haben, verändert sich die Welt. Stell dir vor du hast keine Angst mehr vor deinen Gefühlen!

Was für ein wundervoller Tag das sein wird. Dies kann auch dir gelingen und durch das Öffnen dieses Buches hast du den Weg zu einer Authentizität gerade begonnen, indem du mit der Heilung der Adoptionswunden anfängst. Die Art und Weise, wie wir über Dinge denken, hat sehr viel damit zu tun, wie wir sie erleben, wie das unten illustrierte Beispiel eindrucksvoll aufzeigt. Ein großer Teil dieses Buches geht darum Dinge anders zu betrachten („Reframing" oder „Umdeutung" in Psychotherapeutensprache), um ihre Auswirkungen auf uns zu verändern und schließlich zu verstehen, dass wir tatsächlich kontrollieren können, wie Dinge uns beeinflussen und wie wir uns fühlen. Niemand kann uns dazu bringen irgendetwas zu fühlen. Im Gegensatz zu dem, was uns beigebracht wurde, ist niemand verantwortlich für unsere Gefühle als Erwachsener und wir sind nicht verantwortlich für die Gefühle anderer. *Was?* Ja, das ist richtig. Du bist dafür verantwortlich, was du fühlst. Ich kann dich mit unschönen Ausdrücken beleidigen, aber du bist verantwortlich für deine Reaktion darauf. Dies ist eine wichtige Vorstellung und ein Schlüsselfaktor für deine Heilung. **Wie wir über etwas denken, kann verändern, was wir darüber fühlen!**

Lasst uns nun unsere Reise fortsetzen. Du solltest wissen, dass es vollkommen in Ordnung ist, das Buch von Zeit zu Zeit wegzulegen, um beispielsweise das Gelesene zu verarbeiten oder eine Pause von dem hochemotionalen Inhalt einzulegen. Du solltest auch wissen, dass nur die Mutigen und Starken unter uns dieses Buch lesen werden, also nimm das Kompliment an! Nur die Mutigen und Starken stellen sich ihren Dämonen und das ist es, was du durch das Lesen dieses Buches machst.

Während des Lesens dieses Buches wäre es eine gute Idee Tagebuch zu führen. Schreibe deine Gedanken und Gefühle darin auf während du auf deinem Weg zur Heilung und Authentizität fortschreitest.

Teil Eins:

Das fehlende Selbst

**Die zerstörerischen Folgen einer Adoptionsfreigabe
auf die psychologische Entwicklung des Adoptierten**

Aus Gründen, die in *Heilungsprozess für Adoptierte* ausgiebig besprochen werden, werden Adoptierte in der Bewältigung der entwicklungspsychologischen Stufen mit speziellen Problemen konfrontiert. Teil Eins soll Adoptierten, Adoptiveltern, leiblichen Eltern und psychosozialen Fachkräften helfen, die lebenslangen Folgen einer Adoption zu erkennen und die Art und Weise zu verstehen, wie adoptionsspezifische Schwierigkeiten die Persönlichkeitsentwicklung des Adoptierten beeinträchtigen können.

Auch wenn es teilweise beabsichtigt ist einen tiefgründigen theoretischen Rahmen für psychosoziale Fachkräfte zur Verfügung zu stellen, wird das Material des ersten Teils einen noch größeren direkten Wert für Adoptierte und ihre Familien haben. Durch das zur Sprache bringen und die Erklärung der Kräfte, die Adoptierte prägen und ihre Persönlichkeit psychologisch zerbrechen, hilft Teil Eins nicht nur ihre Erfahrungen anzuerkennen, sondern stellt auch eine Grundlage dar, um damit zu beginnen die Schwierigkeiten anzugehen, die sie haben, um ein erfülltes und authentisches Leben zu führen.

1

Kapitel 1:

Ursprung

Die Schwierigkeiten des Adoptierten beginnen mit der Krise einer ressourcenarmen, schwangeren Frau auf der einen Seite und den Adoptiveltern auf der anderen Seite. Beide Elternpaare erleben ein emotionales Trauma einhergehend mit der Entscheidung ein Kind zur Adoption freizugeben bzw. zu adoptieren. Im Mittelpunkt dessen stehen die ungelösten Probleme, die weiterhin ihr Leben und das Leben des Adoptierten beeinflussen werden.

Die Bedeutung der psychischen Verfassung der Adoptiveltern für die Entwicklung des Adoptivkindes ist leicht zu verstehen, da sie die Personen sind, die das Kind tatsächlich großziehen. Es dürfte schwieriger sein den Einfluss der ungelösten emotionalen Probleme der leiblichen Mutter anzuerkennen, weil normalerweise angenommen wird, dass sie keinen weiteren Kontakt zum Kind hat. Allerdings müssen ihre Erfahrungen aus einer Vielzahl von Gründen verstanden werden. Erstens ist es schlicht das Interesse an ihr als einem Mitmenschen. Zweitens beginnt ein Großteil der Unehrlichkeit, die das Thema Adoption in den Vereinigten Staaten von Amerika umgibt, mit der Ablehnung ihrer Realität (und der Fehlinterpretation ihrer Adoptionswirklichkeit vor potentiellen Adoptiveltern). Darüber hinaus ist es die feste Überzeugung des Autors, dass schließlich eine Wiedervereinigung zwischen Adoptierten und der leiblichen Mutter ein wesentlicher Schritt in der Heilung der

Wunden der Freigabe zur Adoption ist und dass die ungelösten Probleme der leiblichen Mutter ihre Fähigkeit konstruktiv auf den Adoptierten eingehen zu können sicherlich beeinflusst.

Schließlich, selbst wenn sich ihre Wege niemals kreuzen, der Geist der leiblichen El-

> Die Geister der leiblichen Eltern sind die Bilder und Gedanken über die leiblichen Eltern, die sich im Kopf aller in der Adoptivfamilie abspielen.

tern ist immer im Leben der Adoptivfamilie präsent und die Geister des Kindes und der Adoptiveltern sind immer ein Teil der leiblichen Familie. Diese Geister beeinflussen das Leben aller Beteiligten.

Mythen:
- Bei einer Adoption gewinnen alle Beteiligten.
- Leibliche Eltern sind nur Reproduktionsmaschinen.
- Leibliche Eltern interessieren sich nicht für ihre Babys, die sie zur Adoption freigeben.
- Leibliche Eltern vergessen schnell das Kind, das sie geboren haben und setzen ihr Leben fort.

Fakten:
- Alle Beteiligten einer Adoption erleben vielseitige Verluste.
- Leibliche Eltern sind Menschen wie jeder andere auch.
- Die meisten Personen geben ein Kind zur Adoption frei, weil es ihnen an Ressourcen fehlt anders zu handeln.
- Leibliche Eltern sorgen sich für immer und haben große Schwierigkeiten ihr Leben fortzusetzen.

Es war einmal... auf der einen Seite sind eine Frau und ein Mann, die eine Beziehung mit Geschlechtsverkehr

3

hatten. Als eine Schwangerschaft daraus resultierte, sprach alles dafür, dass sie das Baby, wenn sie es wirklich liebten, zur Adoption freigeben würden, damit es ein besseres Leben haben würde. Es wäre selbst heute noch ungewöhnlich darauf hinzuweisen, dass es für sie und ihr Kind das Beste wäre, das Baby zu behalten. (Leibliche Mutter oder Vater sind Begriffe um Eltern zu beschreiben, die ein Kind zur Adoption freigeben haben, nicht eine Frau, die schwanger ist.)

Auf der anderen Seiten gibt es ein Paar, das jahrelang versucht hat ein Baby zu bekommen. Sie erleiden einen großen Schmerz und erleben viele Demütigungen bei ihren verschiedenen Versuchen ihre Unfruchtbarkeit zu „heilen". Ihnen wird vielleicht auch vorgeschlagen „ein Kind zu adoptieren und ihr Problem auf diese Art und Weise zu lösen". Es wäre selbst heute noch ungewöhnlich jemandem darauf hinzuweisen, dass die Adoption eines Babys ihre Unfruchtbarkeit *nicht* heilen wird.

Die schwangere Frau und ihr Partner werden in dem Glauben gelassen, dass es das Beste für alle Beteiligten sei, das Baby zur Adoption freizugeben. Ihnen

> „...um der hinreichend guten Mutter moralische Unterstützung zu geben, gebildet oder ungebildet, klug oder beschränkt, reich oder arm, und sie vor jedem und allem, das zwischen sie und ihr Baby kommt zu beschützen." – *Home is Where We Start From* – DW Winnicott

wird eingeredet, dass sie unzureichende Eltern seien und nicht in der Lage dem Baby zu geben, was es brauche. Dem unfruchtbaren Paar wird Glauben gemacht, dass sie dem Kind und ihren Eltern einen Gefallen täten, indem sie es in ihre Familie „retten".

Für einige ist die Unfähigkeit ein eigenes Kind zu bekommen eine außerordentliche Verletzung des Selbst. Wenn man ein Kind adoptiert, sollte dieser Verletzung der eigenen Kinderlosigkeit zunächst besondere Aufmerksamkeit geschenkt werden, bevor man sich auf andere Methoden Eltern zu werden einlässt. Adoption ist weder ein Heilmittel für Unfruchtbarkeit noch ein Weg den Schmerz und Verlust des Selbstvertrauens darüber keine Kinder zu bekommen, auszulöschen. Um ein Kind gut erziehen zu können, muss man die eigene Unfruchtbarkeit vollständig bearbeitet und betrauert haben. Man muss ebenso anerkennen, dass ein Adoptivkind aufzuziehen nicht das gleiche ist wie ein leibliches Kind aufzuziehen und dass eine Adoptivfamilie nicht das gleiche ist wie eine leibliche Familie.

Sowohl das schwangere Paar als auch die zukünftigen Adoptiveltern müssen darüber informiert werden, dass Adoption ein *lebenslanger* Prozess ist und dass die Adoption allen Beteiligten auch Qualen bereiten wird. Alle Beteiligten müssen vollständig über die Konsequenzen für beide Elternpaare, aber vor allem, über die Auswirkungen des Verlustes der Mutter-Kind-Beziehung auf das Kind, informiert werden. Adoption muss immer im besten Interesse des Kindes sein.

Die Adoptiveltern müssen sich darüber im Klaren sein, dass Adoptivkinderziehung anders ist und dass Adoptivkinder einzigartige Bedürfnisse haben, die erfüllt werden müssen. Die neuen Eltern müssen sich bewusst machen, dass Offenheit und Ehrlichkeit in jeder Familie von höchster Bedeutung sind und dass mit dem Adoptivkind ehrlich umgegangen werden muss. Es ist wichtig zu berücksichtigen, dass die Geister der leiblichen Eltern im Adoptivzuhause und die Geister der Adoptiveltern und des Babys im Zuhause der leiblichen Eltern mitwohnen werden. Diese Geister beeinflussen das Leben aller Betroffenen. Allen Beteiligten ist am besten damit gedient regelmäßige Kommunikation und Besuche zwischen *allen* Parteien der Adoption zu haben.

Beim Weiterlesen des Buches hoffe ich, dass du feststellen wirst, dass Babys, wann immer möglich, bei ihrer Ursprungsfamilie und erweiterten Familie verbleiben sollten und dass die Trennung des Kindes von der Ursprungsfamilie sich immer nachteilig auf beide auswirkt. Trotzdem wird es traurigerweise immer Kinder geben, die nicht von ihren leiblichen Familienmitgliedern großgezogen werden können und es ist meine Hoffnung, dass diese Seiten dazu beitragen können die Art und Weise, wie Adoptierte großgezogen werden zu verändern, so dass ihre Leben einfacher und weniger schmerzhaft werden.

Zusammenfassung

- Alle Beteiligten einer Adoption müssen vollständig die Konsequenzen ihrer Entscheidungen verstehen.
- Adoption ist für Babys, die Eltern brauchen, nicht für Eltern, die Babys wollen.
- Eine Frau kann nicht einfach ein Kind vergessen, das sie geboren hat.
- Eine Frau kann den Verlust eines Kindes zur Adoption nicht vollständig betrauern. Der Schmerz wird immer vorhanden sein.

Übung

- Schließe deine Augen und versuche dir vorzustellen, wie es wäre, wenn dein neugeborenes Baby während des Einkaufens entführt werden würde. Der Verlust eines Kindes durch Adoption ist nicht weniger schmerzhaft oder tragisch.

Erfahrung des Augenblicks

- Es kann sein, dass du ein beklemmendes Gefühl im Brustbereich verspürst oder etwas Angst oder Schmerz. Es kann sein, dass du etwas Undefinierbares fühlst. Diese Emotionen, die mit der Adoptionserfahrung zusammenhängen, gehören zu den stärksten Emotionen menschlicher Erfahrung und müssen respektiert werden. Es ist okay sich so zu fühlen. Schau dich um. Versichere dich, dass dir jetzt gerade nichts passieren kann. Sag dir laut in deinem Kopf „Es passiert gerade nichts; ich weiß es fühlt sich so an, aber wir sind okay!" Präge dir das ein, denn dies ist eine der einflussreichsten Heilungsaffirmationen, die du auf deinem Weg lernen wirst. [Was du gerade gemacht hast, war Arbeit mit dem Inneren Kind und was du laut in deinem Kopf gesagt hast, war eine Anti-Angst Affirmation.] Versuche deine Gefühle und Gedanken in deinem Tagebuch aufzuschreiben.

Kapitel 2:

Die Ur-Wunde:
Das Erste Trauma

Frühgeborene Babys, welche die ersten Lebenswochen im Inkubator verbringen, leiden sichtbar unter dem Verlust des Kontakts zu ihrer Mutter. Obwohl sie von engagierten und liebevollen Krankenschwestern versorgt werden, profitieren die Säuglinge von der Aufmerksamkeit und Fürsorge ihrer Mutter, selbst wenn diese durch

> Bindung, eine vereinigende Kraft, ist die Bildung einer tiefen emotionalen und körperlichen Verbindung zwischen Mutter und Kind. Sie ist entscheidend für das Wohlbefinden des Fetus und späteren Säuglings. Die Bindung bietet unter anderem die Fähigkeit für den Fetus/Säugling sich sicher und geborgen zu fühlen. Für eine Mutter kann die psychologische Bindung zu ihrem Kind mit der Überlegung schwanger zu werden oder jederzeit danach beginnen.

sterile Handschuhe und eine Maske gefiltert wird. Und dennoch wird unterstellt, dass ein Neugeborenes, das von seiner Mutter getrennt und in die Arme einer Adoptivmutter überreicht wird, nichts fühlt.

Die Bindung zwischen Mutter und Kind entsteht vor, während und direkt nach der Geburt. Eine tiefe Ur-Wunde wird dem Säugling zugefügt, wenn diese Bindung plötzlich und vorzeitig unterbrochen wird. Wie die aktuelle Forschung bestätigt, gelingt Neugeborenen der Übergang von der leiblichen Mutter zur Adoptivmutter nicht leicht und natürlich. Im Gegenteil, adoptierte Neugeborene wissen, dass etwas nicht stimmt und dass jemand fehlt. Sie reagieren darauf mit Trauer und Wut. Dies kann schließlich zum Rückzug des Säuglings, fehlender Ansprechbarkeit und subtiler Zurückweisung der Adoptiveltern führen.

Die Ur-Wunde verursacht einen Bruch, der variierenden, grundlegenden Emotionen unterworfen ist. Belastungen, die schließlich zur Fraktur der Persönlichkeit führen, wie in Kapitel 5 detaillierter beschrieben wird. Eine Anerkennung der Ur-Wunde setzt voraus, dass leibliche Mütter, Adoptiveltern und Adoptierte sich zugestehen, dass dem Adoptierten eine enorme Wunde zugefügt wurde. Aufgrund der schmerzhaften Gefühle, die dadurch in allen Betroffenen ausgelöst werden, sträuben sich die meisten Betroffenen dagegen diese Schädigung anzuerkennen. Als zugrunde liegender Ausgangspunkt der Probleme, denen sich Adoptierte bei der Konstruktion des Selbst stellen müssen, muss die Ur-Wunde jedoch als real akzeptiert und die Effekte verstanden werden, bevor die daraus resultierende Verletzung geheilt werden kann.

Mythen:
- Bindung beginnt nach der Geburt.
- Der Säugling erlebt die Trennung von der Mutter nicht.
- Der Säugling wird durch den Verlust der leiblichen Mutter nicht beeinträchtigt.
- Die Adoptivfamilie ist die einzige Familie, die der Adoptierte jemals gekannt hat.

Fakten:

- Bindung beginnt vor der Geburt.
- Das Kind erlebt die Trennung seiner Mutter.
- Der Schmerz und die Wut über die Trennung sind nicht vergessen.
- Der Adoptierte hatte eine reale Beziehung zu seiner leiblichen Mutter.

Für eine Mutter kann die Bindung vor der Zeugung beginnen. Für ein Kind beginnt die Bindung lange vor der Geburt. Am Ende des dritten Trimesters ist diese psychologische und physiologische Verbindung gut entwickelt. Der Fetus hat sich den Herzschlag und die Atmung seiner Mutter eingeprägt, sowohl den Klang als auch den Rhythmus; hat sich die Stimme seiner Mutter und ihren Tagesrhythmus gemerkt und direkt nach der Geburt auch ihren Geruch. Er kann ihr Gesicht in einer Reihe mehrerer Frauen am ersten Tag seines Lebens auswählen. Wenn er von seiner leiblichen Mutter weggenommen wird, erlebt er die Trennung als schmerzhaft und Wut auslösend. (Denke an den Säugling, der von der Brust oder Flasche weggenommen wird, bevor er soweit ist: Seine Wangen werden leuchtend rot, er ballt seine kleinen Finger zusammen und brüllt wuterfüllt aufgrund seiner unbefriedigten Bedürfnisse.) Die wichtigste Verbindung ist zerbrochen, wenn ein Kind von seiner Mutter getrennt wird. Dies ist die „Ur-Wunde"[9], wovon ich annehme, dass es das erste von vielen Traumata ist.

> „So etwas wie ein Baby gibt es nicht, nur das Mutter-Kind-System... Es ist entsetzlich nicht zu wissen, ob etwas Tatsache, Geheimnis oder Fantasie ist." – The Theory of Parent Infant Relationships – DW Winnicott

---

[9] Nancy Newton Verrier, M..A., *The Primal Wound*

Der Säugling sollte nun als Überlebender eines Traumas behandelt werden. Er hat soeben den psychologischen Tod seiner Mutter erlebt und sollte dementsprechend behandelt werden. (Es sollte angemerkt werden, dass die Mutter des Kindes ebenso den psychologischen Tod ihres Kindes erlitten hat.) Dieses Trauma verursacht beim Kind oftmals übermäßige Vigilanz (Wachsamkeit), ein extremer Zustand andauernder Aufmerksamkeit und Vorsicht. Die übermäßige Vigilanz, die nach psychologischen Gefahren Ausschau hält, kann bis ins Erwachsenenalter hineinreichen und verursacht oftmals Panikattacken. Es fühlt sich an, als ob „es" erneut passiert. „Es", die Trennung von der eigenen Mutter, befürchtet der Adoptierte am meisten und das subtilste vielleicht sogar unbemerkte Ereignis oder Trigger kann eine sehr extreme Reaktion in jedem Alter auslösen.[10]

Die Mutter-Kind-Beziehung ist unersetzlich. Die Trennung ist ein unlösbarer Verlust für beide, ein Verlust der, wenn irgendwie möglich, vermieden werden sollte. Die leibliche Mutter kann einem etwas geben, was keine andere Person kann.[11] Direkt nach der Geburt wird diese unantastbarste aller Beziehungen fortgesetzt, wenn keine Trennung von Mutter und Kind stattfindet. Das Neugeborene kommt zurück an die Brust seiner Mutter und hört wieder ihren Herzschlag und ihre Atmung, riecht den vertrauten Geruch und schaut aufmerksam in ihre Augen, aus denen es scheinbar eine spezielle Beruhigung erfährt. Hautkontakt zusammen mit dem vertrauten Geruch, der Stimme und den Augen aktiviert die Nervenenden des Babys und stellt die Produktion von Stresshormonen, die bei der Geburt aktiviert wurden, ein. Ohne diesen Hautkontakt bleibt der Adrenalinspiegel des Babys gesteigert und man hat

---

[10] Judith Hermann, *Trauma and Recovery*
[11] Hope Edelman, *Motherless Daughters*

ein „hyperaktives" Baby. Die Bindung, die vor der Geburt begonnen hat, wird fortgesetzt. Eine Mutter ist emotional und körperlich darauf vorbereitet ihr Kind aufzuziehen und Hormone und Impulse rasen durch ihren Körper. Das Neugeborene wird für etwa neun Monate im Wesentlichen mit seiner Mutter eine Einheit (sowohl physisch als auch psychisch) bleiben und allmählich am Ende dieses Zeitraums verstehen, dass es ein separates Wesen ist und eine natürliche Grenze der Getrenntheit entwickeln.

Wenn eine frühzeitige Trennung stattfindet, erlebt der Säugling von allem, was sicher in

> „Der Schrecken des Krieges verblasst gegenüber dem Verlust einer Mutter" – Anna Freud „und dem Verlust eines Babys." – Joe Soll

der Welt ist, weggenommen zu werden zu einem Platz voller Fremder (sicherlich gut gemeint), wo sich nichts sicher anfühlt, nichts fühlt sich richtig an, nichts klingt richtig oder sieht richtig aus. Die Adoptivmutter riecht nicht einmal richtig! Ob man dem zustimmt, dass ein Säugling seine Mutter an ihrem individuellen Geruch erkennen kann oder nicht, Adoptivmütter riechen auf jeden Fall nicht wie stillende Frauen. Sie bewegen sich auch nicht wie eine Frau, die gerade ein Kind zur Welt gebracht hat. Junge Mütter passen sich ihrem neuen Körper an und bewegen sich ganz anders als Frauen, die nicht gerade die Veränderungen einer Schwangerschaft und Geburt durchgemacht haben. Ein getrennter Säugling kann die „falsche" Mutter wegdrücken und Adoptivmütter könnten diese Geste fehlinterpretieren. Wenn das Kind älter wird, möchte es vielleicht aus diesem und vielen anderen Gründen keine Umarmungen von seinen Adoptiveltern.

Erschwerend zu diesem Problem kommt hinzu, dass Adoptivmütter oftmals vorsichtige Mütter sind. Sie sind oft unsicher, wenn sie ein Neugeborenes halten. Diese Unsicherheit kann von einem unbewussten Glauben stammen, dass sie nicht in der Lage sind Eltern zu sein, wenn sie nicht in der Lage waren ein Kind zur Welt zu bringen. Ein Säugling wird dies spüren und eventuell mit Steifheit reagieren, scheinbar keine Zuneigung wollen, obwohl das überhaupt nicht der Fall ist. Säuglinge „wissen" alles. Sie sind Rezeptoren für Gefühle. Wenn ein Elternteil wütend oder traurig oder angespannt oder ängstlich ist, wird das Neugeborene dies spüren und selbst mit Unruhe oder Angst reagieren.

Wenn eine Trennung stattfindet, wird eine künstliche Grenze zwischen Säugling und Mutter erschaffen. Im Adoptivzuhause versucht die Adoptivmutter

> „Eine gesunde Grenze ist eine internalisierte Abgrenzung, physisch, emotional, intellektuell und spirituell, die ein Gefühl von Identität durch das tiefere Einprägen des wertvollen Wissens, dass man eine separate Person ist, verstärkt." – *Living in the Comfort Zone* – Rokelle Lerner

dann (verständlicherweise) diese zu entfernen, so dass sie sich nun an „ihr" Kind „binden" kann. Leider kann das *Bonding*[12] nur mit der leiblichen Mutter stattfinden. Allerdings können gesunde und sichere Bindungen mit der Adoptivfamilie gebildet werden. Adoptivfamilien haben oftmals sehr lockere Grenzen bedingt dadurch, weil sie wollen, dass das Kind so ist wie sie, so denkt wie sie, sich so verhält wie sie, was es für die Adoptiveltern schwieriger macht das einzigartige und angeborene Selbst des Adoptierten zu erkennen.

---

12 AdÜ: Bonding ist ein psychologischer und physiologischer Prozess, der im Mutterleib beginnt. Da der Prozess sowohl psychologisch als auch physiologisch ist, kann echtes Bonding nur mit der leiblichen Mutter stattfinden. Bindung, eine starke psychologische Verbindung, kann zu den Adoptiveltern oder anderen Pflegepersonen aufgebaut werden. Das Bonding der Mutter kann, da es ein zum Teil psychologischer Prozess ist, bereits vor der Befruchtung beginnen.

Adoption wurde als ein Heilmittel für Unfruchtbarkeit angesehen. Wenn man es so betrachtet, werden die Eltern immer so tun „als ob". Auf allen Seiten findet ein großer Aufwand statt so zu tun „als ob" das Adoptivkind in die Familie geboren wurde. Die adoptierte Person bemüht sich, sich wie seine Adoptiveltern zu verhalten, wie sie zu sein, sie nachzuahmen, aber „als ob" funktioniert einfach nicht. Jedes Mal wenn ein Adoptierter beispielsweise die Aussage hört, „Ich liebe dich, als ob du mein eigenes Kind wärst", ist dies ein Schlag ins Gesicht.

Niemand kann jemanden lieben „als ob" sie jemand anders wären. Dem Kind zu sagen „Ich liebe dich sehr" wird gut tun.

Vorzugeben alles ist „als ob", ist ein exzellenter Weg, um bewusstem Schmerz fernzubleiben und eine ungesunde Atmosphäre zu fördern. Vortäuschung wird dazu führen „Leichen im Keller zu haben" und viele Familien werden niemals anerkennen, dass Adoption ein Thema ist, dessen Geruch die Luft zwischen den Beziehungen in der Familie „verpestet" und die Familienmitglieder davon abhält, sich mit der Realität auseinanderzusetzen. Die „Leichen im Keller" sind eine Metapher für eine Tatsache, die jeder weiß, aber keiner anerkennen will... die Adoption. Die „Leiche" der Adoption nicht anzuerkennen, bedeutet ein Geheimnis zu verschweigen und Geheimnisse sind Gift für alle Beziehungen. Das Geheimnis zu bewahren, erzeugt eine Anspannung im Zuhause und Kinder reagieren immer negativ auf Anspannung, fühlen sich unsicher, sorgen sich über die Gründe der Anspannung und vielleicht, weil Kinder denken, dass sich die Welt um sie dreht, geben sie sich selbst die Schuld.

Es wird immer noch in vielen Kreisen angenommen, dass Adoptierte als unbeschriebenes Blatt in die Familie kommen und so werden können, wie die Adoptiveltern es sich wünschen. Allerdings wird jedes Kind mit

> „Emotionales Verlassenwerden des Kindes erzeugt Unsicherheit über seine Gefühle...ob es sie haben sollte und was sie überhaupt sind. Dies setzt sich bis ins Erwachsenenleben fort und führt zu einem Gefühl nicht das „Recht" zu haben zu fühlen. Mit anderen Worten, es hat aufgehört zu fühlen und kann seine eigenen Gefühle nicht länger wahrnehmen." – Kathryn Asper

genetischen Charakteristika geboren, wie beispielsweise Temperament und Talent als Teil ihrer Veranlagung, Anlagen die nicht verändert werden können. Adoptierte unterwerfen sich oftmals (unbewusst) ihrer natürlichen Art zu Sein, um ihre Adoptiveltern glücklich zu machen. Da das Einzige, was ein Adoptivkind niemals wiedererleben möchte, der Verlust einer weiteren Familie ist, wird der Adoptierte oftmals ein Experte darin, anderen alles recht zu machen. Er opfert sich selbst, um seine Eltern glücklich zu machen (und dadurch sicherzustellen, dass er in seinem Zuhause bleiben kann).

Unfruchtbarkeit ist eine sehr schmerzhafte Wunde, die bearbeitet werden muss. Wenn man sich mit dieser Wunde nicht auseinandersetzt und die Familie vortäuscht, dass die Adoption die Unfruchtbarkeit geheilt hat, wird das Adoptivkind ein Mittler, dessen Aufgabe es ist, die Eltern vor dem Schmerz der Unfruchtbarkeit zu bewahren. Was für eine ungeheuer schwierige Aufgabe für einen Säugling! Das Adoptivkind kann die Rolle des Mittlers und der Person, die anderen alles Recht machen will für ihr gesamtes Leben beibehalten. Und was für einen Preis es dafür bezahlt!

Zusammenfassung

- Die Mutter-Kind-Beziehung ist unantastbar und die Trennung von Mutter und Kind für beide tragisch.
- Die Trennung ist eine Ur-Wunde und das erste von vielen Traumata.
- Die Verluste müssen anerkannt und nicht versteckt werden.
- Alle Beteiligten einer Adoption müssen sich und ihre Verluste mit großem Respekt behandeln.

Übung

- Schließe deine Augen und versuche dir vorzustellen, wie es wäre, wenn dir gesagt werden würde deine Mutter sei verstorben, als du geboren wurdest. Der Verlust einer Mutter ist schmerzhaft und tragisch, unabhängig davon wie und warum es passiert.

Erfahrung des Augenblicks

- Es kann sein, dass du dich gerade unsicher fühlst. Immerhin liest du, wenn du adoptiert bist, gerade über den Verlust deiner Mutter. Wir werden den Verlust unserer Mütter oft wiedererleben und diese Erfahrung kann sehr beängstigend sein. Es kann auch sein, dass du wütend darüber bist, was dir und/oder deiner Mutter passiert ist. Das ist auch in Ordnung. Es ist nichts daran auszusetzen wütend sein. Es kann sein, dass du Angst vor deiner Wut oder deinem Schmerz oder deiner Traurigkeit hast. Dies sind nur Gefühle, mächtig ja, aber nur Gefühle. Wiederhole die Affirmation aus Kapitel Eins. Sag dir laut in deinem Kopf „Es passiert gerade nichts. Ich weiß es fühlt sich so an, aber wir sind okay!" Es kann sich manchmal so anfühlen, dass du weinen musst und nie wieder aufhören kannst oder dass du zerfällst oder explodierst. Es kann sich so anfühlen, aber es sind nur Gefühle. Wenn du dich immer noch unsicher fühlst, wiederhole die Affirmation und wenn du es benötigst, rufe einen Freund zur Unterstützung an. Denke daran, dass du das Buch immer zur Seite legen kannst. Es ist wichtig, dass du dir darüber im Klaren bist, dass du ein Experte darin bist, dich vor diesen Gefühlen zu verstecken. Wir sind es alle. Demnach kannst du eine Mauer gegen diese Gefühle bauen, wann immer du möchtest. Das ist auch in Ordnung. Versuche deine Gefühle und Gedanken in deinem Tagebuch aufzuschreiben.

Kapitel 3:

Zeit der Entdeckung:
Das Zweite Trauma

Ungefähr im Alter von zwei oder drei Jahren wird Adoptivkindern – in der Regel von ihren Adoptiveltern – gesagt, dass sie adoptiert sind. Im Gegensatz zu der gängigen Meinung ist dies *nicht* der Zeitpunkt, an dem Adoptierte das erste Mal erfahren, dass sie eine vorherige Mutter hatten. Wie Nancy Verrier es in *„Primal Wound"* beschreibt „Denk daran, [die adoptierte Person] war [bei der Geburt und der Trennung] dabei!" Die Verbalisierung dieser Tatsache ist jedoch die erste bewusste Bestätigung dessen, was das Kind bereits weiß und hat einen bedeutsamen Einfluss auf seine weitere Entwicklung. Auch wenn die Mitteilung, dass es adoptiert ist, eine Bestätigung dessen ist, was das Kind bereits weiß, wird die Art und Weise wie Eltern diese Nachricht vermitteln die Reaktion des Kindes auf das bewusste Wissen der Adoption erheblich beeinflussen.

> „Einem Kind, das bei oder kurz nach der Geburt von seiner Mutter getrennt wird, fehlt die gegenseitige und tief zufriedenstellende Mutter-Kind Beziehung, deren Wurzeln in einem tiefen Bereich der Persönlichkeit liegen, wo die Physiologie und Psychologie ineinander übergehen. Dies ist Teil der biologischen Sequenz. Es ist zweifelhaft, ob die Beziehung des Kindes zu seiner Mutter nach der Geburt, in ihren feinsten Auswirkungen, selbst durch die beste aller Ersatzmütter ersetzt werden kann. Das Kleinkind ist durch die Trennung von der Mutter bei der Geburt traumatisiert." – *The Psychology of the Adopted Child* – Florence Clothier

Mythen:

- Dem Adoptivkind eine „schöne" Geschichte zu erzählen, wird den Schmerz beseitigen.
- Das Adoptivkind hat keine Ahnung, dass irgendetwas zu Beginn seines Lebens „passiert" ist.
- Das Kind wird nicht verstehen, was ihm gesagt wird.

Fakten:

- Es gibt keine Geschichte, die dem Adoptivkind den Schmerz nehmen kann.
- Die Entdeckung des Adoptions-Status ist eine bewusste Bestätigung dessen, was das Kind bereits weiß.
- Das Adoptivkind wird Traurigkeit und Schmerz bei der Mitteilung empfinden.

Es gibt einige, die sagen ein Adoptivkind sollte niemals erfahren, dass es adoptiert ist. Andere würden sagen, dass es das Kind nicht erfahren sollte bis es „älter" ist und es verstehen kann. Es gibt zahlreiche Gründe, warum die oben genannten Überzeugungen falsch sind.

1) Allem voran war das Adoptivkind dabei und erlebte die Trennung von seiner Mutter. Während das Kind keine Worte hat diese Erfahrung zu beschreiben, weil sie präverbal ist, *weiß* das Adoptivkind, dass etwas passiert ist. Die traumatischen Gefühle bezüglich der Trennung können leider oftmals im Leben des Adoptierten wiederkehren.

2) Das Kind *muss* es erfahren, bevor es in eine öffentliche Einrichtung wie Kindergarten oder Schule geht (ab 3 Jahren). Die Gefahr die Adoptionsgeschichte von einem anderen Kind zu hören, ist zu groß und kann besonders traumatisch sein.

3) Einem Kind sollte *nicht* erzählt werden, dass es von einer Adoptionsvermittlung kam; dass seine Eltern es so sehr liebten, dass sie es zur Adoption freigaben; dass seine Eltern (oder ein Elternteil) gestorben sind, dass seine Eltern es nicht liebten, dass es ausgesetzt wurde oder dass es vom Storch gebracht wurde.

4) Das Kind wird emotional verstehen, dass etwas tiefgreifendes geschehen ist und sehr wahrscheinlich Traurigkeit, Wut und Desorientiertheit aufweisen. Bestätige dem Kind dies durch die Anerkennung seiner Gefühle.

5) Es ist deutlich besser, wenn es das Kind auf eine geplante Weise erfährt, als wenn die Eltern (insbesondere die Mutter) überraschend zu einem Gespräch gezwungen werden, wenn sie es nicht erwarten. Es ist sehr wahrscheinlich, dass dein Kind zu einem besonders ungünstigen Zeitpunkt fragt: „Mama, bin ich aus deinem Bauch gekommen?" Die Eltern müssen einen Zeitpunkt auswählen, um sich mit ihrem Kind hinzusetzen und ihm über die Adoption zu erzählen. Es ist sehr wichtig, dass die Adoptiveltern ihren eigenen Schmerz über die Adoption bearbeitet haben. Wenn sie das nicht haben, wird ihr Kind ihren Schmerz spüren und das wird dazu führen, dass das Kind aufhört, über seinen eigenen Schmerz zu sprechen.

6) Nichts kann den Verlust der Mutter „in Ordnung" bringen.

7) Wenn das Adoptivkind Traurigkeit oder Wut oder Schmerz zeigt, bestätige es! Lass das Kind wissen, dass Wut, Traurigkeit oder Schmerz zu verspüren verständlich ist. Das ist die Bestätigung seiner Gefühle. Das Adoptivkind hat gute Gründe für diese Gefühle und darf bei der Bewältigung nicht alleine gelassen werden.

8) Die Gefühle des zweiten Traumas werden sich zusätzlich zu den Gefühlen des ersten Traumas ansammeln und zu den Tiefen von Schmerz, Wut und Angst beitragen, die das Adoptivkind innerlich mit sich herumträgt.

9) Das Adoptivkind muss behandelt werden, als ob seine leibliche Mutter tatsächlich gestorben wäre.

10) Adoptiveltern sollten ihre Liebe und Fürsorge sowie ihre Traurigkeit darüber, dass ihr Kind diesen Verlust erleben musste, bekräftigen. Lasst das Adoptivkind die Führung übernehmen.

Zusammenfassung

- Dem Adoptivkind wurde gerade mitgeteilt, dass seine Mutter „gestorben ist".
- Das Kind erlebt dies als einen vernichtenden Verlust.
- Niemand kann das in Ordnung bringen.

- Das Adoptivkind wird eine Menge zärtliche, liebevolle Zuwendung benötigen.
- Die Gefühle der Adoptiveltern bezüglich ihrer Unfruchtbarkeit müssen bearbeitet werden, um sich effektiv mit den Gefühlen des Kindes auseinandersetzen zu können.

Übung

- Schließe deine Augen und versuche dir vorzustellen, wie dem kleinen Kind gerade gesagt wurde, dass es eine andere Mutter da draußen hat, die es geboren hat. Was vermutest du, was es fühlt? Was könnte helfen, es zu trösten? Versuche dir vorzustellen das Kind zu sein und von deiner leiblichen Mutter gehalten und getröstet zu werden. Höre, wie sie sagt „Ich liebe dich" und „es ist traurig, dass ich gerade nicht bei dir sein kann." Verstehe, dass das Kind in großer Not ist. Hilf dem Kind sich sicher zu fühlen. Sag ihm, dass es in Ordnung ist, diese Gefühle zu empfinden.

- Es kann sein, dass du anfängst, dich unsicher zu fühlen. Es ist wichtig zu verstehen, dass die Erfahrung des Verlusts einer Mutter bei der Geburt nur einmal passieren kann. Das Kind kann es niemals wiedererleben. Wenn du adoptiert bist, sage dir laut in deinem Kopf: „Ich weiß, es kann sich so anfühlen, als würde es gerade passieren, jedoch passiert es *nicht* und es kann nie wieder passieren. Du bist sicher." Schau dich um und versichere dich, dass es so ist. Denke daran, dass alle Gefühle, die du empfindest normal sind. Beängstigend ja, aber normal. Versuche deine Gefühle und deine Gedanken in deinem Tagebuch aufzuschreiben.

Kapitel 4:

Ödipus Bruchstücke

In Freuds Theorie der kindlichen Entwicklung besteht der *Ödipuskomplex* aus der unbewussten Anziehung eines jungen Kindes (in der Regel zwischen 3 und 7 Jahren) für das Elternteil des anderen Geschlechts, während das Kind

> Einfach gesagt bedeutet die Auflösung des Ödipuskonfliktes das Ende der unbewussten Anziehung zu seinen Eltern, was zu gesunden Grenzen in den Beziehungen zu den Eltern führt.

gleichzeitig Rivalität für das Elternteil des gleichen Geschlechts empfindet. Diese unbewussten Gefühle manifestieren sich oftmals in flirtartigem Verhalten mit dem gegengeschlechtlichen Elternteil und passiv-aggressivem Verhalten mit dem gleichgeschlechtlichen Elternteil. Passiv-aggressives Verhalten ist grundsätzlich der unbewusste Ausdruck von Wut durch Handlungen statt Worten.

Die Auflösung des Ödipuskomplexes, der ein notwendiger Schritt in der kindlichen Entwicklung ist, wird verkompliziert durch die Tatsache, dass Adoptivkinder zusätzlich zu den Adoptiveltern, mit denen sie leben, noch ein weiteres Phantom-Elternpaar haben (die Phantom- oder Geistereltern sind die immer vorhandenen Gedanken und Gefühle über die leiblichen Eltern). Das Adoptivkind wird in diesem Alter sehr wahrscheinlich über ähnliche, unbewusste Gefühle von Anziehung zu den leiblichen Eltern fantasieren. Folglich ist eine Auflösung nur unvollständig, da die Gefühle über die fehlenden oder schattenhaften Eltern nicht wirklich auf eine reale Weise exploriert werden.

Kinder in diesem Alter werden ihre Mutter entweder als nur gut oder nur böse erleben. Dies nennt man *Spaltung*. Die *Spaltung* der Mutter als nur gut oder nur böse verschlimmert sich für das Adoptivkind durch die Existenz zweier Mütter, welche die Rollen von gut und böse annehmen.

Mythen:
- Adoptivkinder denken nicht an ihre leiblichen Mütter.
- Adoptivkinder haben keine Schwierigkeiten damit adoptiert zu sein.
- Adoptivkinder haben keine besonderen Entwicklungsprobleme.

Fakten:
- Adoptivkinder denken die *ganze* Zeit an ihre leiblichen Mütter.
- Adoptivkinder sind in einem Konflikt zwischen zwei Müttern, der spätestens beginnt, wenn sie erfahren, dass sie adoptiert sind.
- Adoptivkinder beschreiten ihre Entwicklungsmeilensteine oftmals anders als nicht-adoptierte Kinder.

Der Ödipuskonflikt des Kindes kann eine sehr verwirrende Zeit gleichermaßen für die Eltern als auch für das Kind sein. Ein Kind in diesem Alter ist nicht in der Lage zu verstehen, dass die Mutter nicht nur gut oder nur böse ist, abhängig davon, wie sie ihr Kind behandelt. Aus der Perspektive des Kindes ist die Mutter, wenn sie es gut behandelt eine gute Mama. Wenn sie dem Kind einen Wunsch vorenthält, ist sie eine böse Mama. Sowohl leibliche Eltern als auch Adoptiveltern

> „Wo einmal Liebe war oder gewesen sein könnte, ist diese blockiert. Die Person... ist angetrieben auf der Suche nach der verlorenen Mutter der frühen Kindheit." – *In Search of the Lost Mother of Infancy* – Lawrence E. Hedges

werden wahlweise in dieser Phase der Entwicklung als gut und böse gesehen. Darüber hinaus findet ein unbewusster innerer Konflikt zwischen den beiden Müttern statt. Aus der Perspektive des jungen Kindes kann zu viel an die Mutter zu denken, die nicht anwesend ist, das Kind in den Glauben versetzen, dass sein Denken an die leibliche Mutter dazu führt, dass die vorhandene Mutter es verlässt. Des Weiteren könnte es glauben, dass wenn es zu viel an seine Adoptivmutter denkt, die vermisste leibliche Mutter aufhören könnte sich für es zu interessieren.

Alle Fantasien des Kindes über seine Adoptivmutter werden vermutlich ebenfalls Fantasien über seine leibliche Mutter beinhalten. Jedes Mal wenn die Adoptivmutter etwas macht, dass es nicht mag, wird das Kind sie wahrscheinlich als die böse Mama sehen und denken, dass seine leibliche Mutter es nicht so behandeln würde, weil sie die gute Mama ist. Umgekehrt wird es Zeiten geben, in denen es sich seine leibliche Mutter als böse vergegenwärtigt, weil sie es abgegeben hat und seine Adoptivmutter als die gute Person.

Die Auflösung dieses Konfliktes ist kompliziert und schwierig zu erreichen. Es ist wahrscheinlich eine enorme innere Zerrissenheit für das Kind und es kann sehr schwierig für es sein die Spaltung mit seiner Adoptivmutter aufzulösen, solange es nur den Geist seiner leiblichen Mutter zur Bewältigung hat. Das Adoptivkind benötigt in dieser Zeit besondere Aufmerksamkeit und Verständnis darüber, dass es eine sehr stressige Erfahrung durchlebt.

Es ist für das Adoptivkind sehr schwierig eine durchgängige, enge Beziehung zu seiner neuen Mutter zu haben, wenn es so viele verwirrende Fantasien über beide Mütter hat. Je mehr dem Kind geholfen wird seine Gefühle über beide Mütter auszudrücken und seine Verwirrungen erklärt werden, desto leichter ist der Übergang durch diese Entwicklungsstufe.

Zusammenfassung

- Dies ist eine wichtige Phase in der Entwicklung eines Kindes.
- Es ist wichtig zu berücksichtigen, dass das Adoptivkind eine sehr verwirrende und schwierige Zeit durchlebt.
- Dem Adoptivkind zu helfen darüber zu sprechen, was es erlebt, wird ihm helfen besser mit dieser verwirrenden Zeit in seinem Leben zurechtzukommen.
- Vergiss nicht, dass das Adoptivkind einen Verlust erlitten und Schmerzen hat.

Übung

- Schließe deine Augen und versuche dir das kleine Kind vorzustellen. Wenn du adoptiert bist, gehe das Bild als erwachsene Person an und spricht laut in deinem Kopf zu dem jüngeren Kind. Frag es, wie es ihm geht. Sag ihm, dass du es bist, erwachsen, und dass du gekommen bist, um ihm zu helfen. Sei dir darüber im Klaren, dass es etwas Zeit benötigt, um dir zu vertrauen. Es wird immer wissen, was es von dir braucht, um sich besser zu fühlen. Höre ihm zu. Du wirst es schließlich spontan antworten hören. Etabliere eine liebevolle Beziehung zu ihm.

Erfahrung des Augenblicks

- Es wird sich zunächst seltsam anfühlen diese Dialoge mit dem „Inneren Kind" zu führen. Du wirst merken, dass es funktioniert, wenn die Antwort des Kindes unerwartet oder spontan kommt. Du wirst die Antworten nicht hervorbringen, das macht es selbst. Deinem Inneren Kind zu geben, wonach es fragt, wird einen enormen Heilungseffekt sowohl für das Innere Kind als auch für dich als Erwachsenen haben.

Kapitel 5:

Die Fraktur:
Das Dritte Trauma

Die Latenzphase, die Zeit, in der die Persönlichkeit des Adoptivkindes aufzubrechen beginnt und ein Gefühl des Schwebezustands anfängt, ist möglicherweise der kritischste Zeitpunkt der psychosozialen Entwicklung des Adoptivkindes. Mit einer Reihe von widersprüchlichen Botschaften konfrontiert – „Deine Mutter liebte dich so sehr, dass sie dich weggeben hat; deine richtige Mutter konnte dich nicht behalten/Ich bin deine richtige Mutter; herzlichen Glückwunsch zum Geburtstag/dies ist der Tag, an dem du freigegeben wurdest" - ist das Adoptivkind nicht in der Lage die grundlegenden Informationen über seine eigenen Realität zu integrieren. Darüber hinaus erinnert sich das Kind an diese widersprüchlichen Botschaften und hört sie wieder und wieder, als ob sie von einem Tonbandgerät abgespielt werden.

Die Antwort des Kindes auf dieses mental ablaufende Band verinnerlichter Botschaften der Außenwelt erinnert an die Stadien des Trauerns – Wut, Verleugnung, Traurigkeit, Trauerarbeit, Verdrängung, emotionales Abschalten und eine (falsche) Akzeptanz der Situation. Die psychologischen Untermauerungen des Kindes und anschließend des Erwachsenen basieren auf falschen

> **FRACTURING** ist ein Akronym für die gleichzeitigen Gefühle, von denen sich Adoptivkinder umzingelt fühlen: Frustration, Wut (Rage), Angst (Anxiety), Verwirrung (Confusion), Schrecken (Terror), Unruhe (Unrest), Bedauern (Regret), Unmenschlichkeit (Inhuman), Vernachlässigung (Neglect), Trauer (Grief).

Überzeugungen, die den inneren Bruch, der durch die Ur-Wunde erzeugt wurde, erweitern, und schließlich in der Fraktur der Persönlichkeit resultieren. Hinsichtlich ihres Verhaltens flüchten viele Adoptierte in Tagträume und haben Schwierigkeiten sich zu konzentrieren. Oftmals scheint es als hätten sie AD(H)S oder Lernbehinderungen.

Dies ist nicht überraschend, da sie nicht wissen, was sie gemacht haben, was ihre leibliche Mutter dazu veranlasst hat, sie freizugeben. Adoptierte sorgen sich oftmals unbewusst, dass sie etwas tun könnten, das ihre Adoptiveltern dazu bringt, sie ebenfalls im Stich zu lassen. Das Kind hat in der Regel zwei Wege mit der Angst, die dies in ihm auslöst, umzugehen – entweder durch Rebellion, in dem Bestreben auf das Unvermeidliche zu warten (wieder im Stich gelassen zu werden) oder, was häufiger der Fall ist, um einen weiteren Verlust zu vermeiden, der Versuch super-gut (ein perfektes Kind) zu sein, aber dabei immer einen Drahtseilakt zu vollführen, um unbewusst zu versuchen nicht den gleichen „Fehler" wieder zu begehen und erneut abgelehnt zu werden. Aus der Perspektive der Eltern scheint der innere Bruch zu verschwinden und die Fraktur ist kaum mehr wahrnehmbar.

Mythen:

- Wenn das Kind in Ordnung aussieht (lacht etc.), ist es in Ordnung.
- Das Kind fühlt sich liebenswert, weil seine Eltern es so oft sagen.
- Das Adoptivkind ist ganz genauso wie jedes andere Kind.
- Wenn das Kind Schwierigkeiten mit der Adoption hat, wird es sie ansprechen.

Fakten:

- Kinder lernen schnell, wie sie ihre negativen Gefühle verbergen können, wenn sie nicht bestätigt werden. Wenn sie einmal versteckt oder verdrängt sind, was ein unbewusster Prozess ist, wissen sie nicht, dass solche Gefühle existieren.
- Es ist unwahrscheinlich, dass das Adoptivkind wirklich glaubt, dass es liebenswert ist.
- Adoptivkinder sind anders. Ihre Mutter ist tatsächlich für sie bei der Geburt „gestorben" und sie haben Schmerzen.
- Kinder werden nicht über etwas sprechen, wovor ihre Eltern Angst haben.

Im Alter von sechs bis acht Jahren gibt es ein „Möglichkeitsfenster", einen günstigen Zeitpunkt, um weitere Traumata zu verhindern. In diesem Alter wird das Kind kognitiv, es beginnt logisch zu denken. Dieses Alter ist sehr wahrscheinlich auch die Zeit, in der das Kind beginnen wird Fragen über seine leiblichen Eltern zu stellen, da es das erste Mal logisch über Adoption nachdenkt. In dieser Zeit, während es beginnt ein inneres Band über seine eigene Liebenswürdigkeit abzuspielen, wird es vielleicht sagen, dass es seine „richtige" Mutter möchte. So schmerzhaft es für seine Eltern auch zu hören ist, umso wichtiger ist es zu verstehen, dass es nicht um die vorhandenen Eltern geht, sondern um den Verlust der leiblichen Eltern.

> „Eine der größten Wunden, die ein Kind erleiden kann, ist die Ablehnung seines authentischen Selbst. Wenn ein Elternteil die Gefühle, Bedürfnisse und Wünsche seines Kindes nicht bestätigen kann, lehnt es das authentische Selbst des Kindes ab. Daraufhin wird ein falsches Selbst kreiert." – *Das Kind in uns. Wie finde ich zu mir selbst* – John Bradshaw

Nachdem das Kind Fragen gestellt und/oder darüber nachgedacht hat, was wirklich mit ihm geschehen ist, ist es unvermeidlich, dass das innere Tonband des Kindes wie folgt

30

aussieht: „Wenn sie mich WIRKLICH geliebt hätte, hätte sie mich behalten. Ich muss fehlerhaft sein und mein Fehler ist, dass ich nicht liebenswert bin." Das Kind wird nun einen enormen Schmerz, Trauer und Wut fühlen. Wenn wir uns über das Dilemma des Kindes während des Abspielens des „Tonbandes" im Klaren sind, können wir das Kind ermutigen und ihm dabei helfen die negativen Gefühle über seine Liebenswürdigkeit und Gefühle über Ablehnung auszudrücken, um ihm dabei zu helfen zu verstehen, dass es nicht seine Schuld ist. Wenn wir dem Kind nicht helfen diesen unantastbaren Verlust zu betrauern und seine Wut und Empörung auszudrücken, wird es weiterhin das Band abspielen und (unbewusst) glauben, dass es nicht liebenswert ist. Das Abspielen des Bandes (und die daraus resultierenden Gefühle von Nicht-Liebenswürdigkeit) ist das dritte Trauma, was ich die *Fraktur* seiner Persönlichkeit nenne.

Die Persönlichkeit sitzt nun auf Bruchlinien, die wiederum auf den Bruchlinien der Ur-Wunde sitzen. Die Psyche befindet sich auf wackeligem Boden und das Kind kann mit diesen Gefühlen nicht umgehen. Die einzelnen Gefühle von Schmerz, Wut und Traurigkeit werden ineinander verschlungen in eine ungeheuer schmerzhafte aber nicht zu unterscheidende Emotion, die man „Mutterverlust"-Emotion nennen könnte. Diese „Emotion" muss unterdrückt werden, damit das Kind überleben kann. Folglich verdrängt das Kind auch andere Teile seiner Kindheit gemeinsam mit dieser verschlungenen „Emotion", da es diese Emotionen nicht unterdrücken kann, ohne wesentliche Erinnerungen aus dieser Zeit seines Lebens zu verlieren. Im späteren Leben kann das Kind es als die „Adoptionsverlust-Emotion" oder etwas in der Art ansehen. Diese Gefühle sind nun nicht voneinander zu unterscheiden, so dass das Kind bei jeder Berührung mit einer seiner Emotionen bezüglich des Verlustes die ganze Bandbreite an Emotionen hervorholt, was zu schmerzhaft zu ertragen ist, so dass es sie wieder abstellen muss.

Viele Adoptierte werden über Adoption als etwas Wunderbares sprechen, aber sich nicht über diese mächtigen negativen Gefühle hinsichtlich des Verlustes der leiblichen Mutter bewusst sein. Das Kind musste sie abschalten. Es kann völlig in Ordnung erscheinen, weil das das Spiel ist, das es spielen musste, sowohl für seine Eltern, die es nicht durch sein Unglücklichsein enttäuschen möchte (eine Niederlage des Kindes, die ein erneutes im Stich lassen zur Folge haben könnte), als auch für sich selbst, damit es das große Knäuel an Emotionen weiterhin verdrängen kann. Es hat nun den „Schwebezustand" betreten.

Später im Leben wird es für den Adoptierten sehr schwer sein über seine Emotionen zu sprechen, weil das Gebilde der verwickelten Emotionen so schmerzhaft und so schwierig zu entwirren ist. Wir werden in Teil Zwei dieses Buches über Wege sprechen, wie das Entwirren der Emotionen erreicht werden kann.

In diesem Stadium, vor der Fraktur und in einer idealen Welt, wäre es wunderbar eine Wiedervereinigung zwischen dem Kind und seiner leiblichen Familie zu haben. Es würde einen großen Teil der Wunden des Kindes heilen und helfen weiteren Traumata vorzubeugen. Ich weiß, dass einige sagen, es wäre zu verwirrend für das Kind zwei Mütter zu haben. Die Wahrheit allerdings ist, dass es viel verwirrender und schmerzhafter ist, seine leibliche Mutter nicht zu kennen. In Scheidungssituationen erlauben wir einem Kind andauernd zwei Mütter zu sehen. Wir müssen bei Adoptionen genauso vorgehen, die Erwachsenen wie Erwachsene handeln lassen und das Kind an die erste Stelle setzen.

Für das Kind ist der „Schwebezustand" ein Land ohne Realität. Der Verstand ist nun überlastet mit widersprüchlichen Gedanken und Geschichten. „Deine richtige Mutter ist diejenige, die dich geboren hat, jedoch ist sie nicht deine richtige

Mutter, weil sie dich nicht behalten konnte und ich bin nicht deine richtige Mutter, weil ich dich nicht geboren habe, aber ich bin deine richtige Mutter, weil ich dich nun habe." Tatsächlich ist dies die Botschaft, die die meisten Adoptivkinder bekommen. Oder „Herzlichen Glückwunsch zum Geburtstag, Liebling." „Aber Mama, ich bin traurig." (Reaktion auf den Jahrestag)… „Nein, bist du nicht, du bist glücklich." Oder „Mama, ich bin wütend."… „Nein, du hast keinen Grund wütend zu sein, du bist so besonders. Wir sind so froh dich ausgewählt zu haben. Und du kannst so glücklich sein." „Wem sehe ich ähnlich, Mama?"… Stille oder „Warum mein Schatz, du siehst genauso aus wie Tante Jane."

Der „Schwebezustand" ist wie das Niemalsland[13] zwischen sich psychologisch tot zu fühlen und zu sein. Es fühlt sich an, als würde es einen umbringen aus der Schwebe auszutreten. All diese Emotionen, die während der Zeit der Fraktur verdrängt wurden, liegen auf der Lauer, es sei denn sie wurden durch äußere Hilfe zerstreut. Die meisten Adoptierten fühlen sich ungeboren, nicht lebendig, dass das, was passiert ist, ein Traum ist, nicht wirklich wahr sein kann. Wie kann es schließlich möglich sein, dass du von jemand anderem als deiner „richtigen" Mutter großgezogen wirst. Und für viele ist es sicherer in der „Schwebe" zu bleiben als die Vernichtung zu riskieren, indem man sich traut, seine wahren Gefühle zu empfinden. Bei genauer Betrachtung zeigen Adoptierte oft keine Emotionen oder nur oberflächliche Emotionen. So sieht es aus in der „Schwebe" zu leben, keine Emotionen und oftmals das Erleben eines psychologischen Todes.

In diesem „Schwebezustand" zu sein kann den Rest des Lebens eines Adoptierten andauern. Wenn der Adoptierte sich entscheidet seine Wurzeln zu suchen oder Therapie in Anspruch nimmt, kann er den „Schwebezustand" verlassen,

---

13 AdÜ: Peter Pan „never-never-land"

indem er sich dem Prozess der Selbsterkenntnis und Veränderung hingibt.

Zusammenfassung

- Das Alter der Kognition ist die Zeit, in der eine adoptierte Person ein Tonband in ihrem Kopf abspielt, das ihr sagt, dass sie fehlerhaft ist und dass der Fehler ihre Nicht-Liebenswürdigkeit ist. Für sie bestätigt sich das durch die Tatsache, dass sie weggegeben wurde.
- Wenn die adoptierte Person dieses Tonband abspielt und glaubt, dass sie nicht liebenswert ist, *zerbricht sie*. Entsetzlich schmerzhafte Emotionen werden in ein Knäuel verwoben, das zu groß ist, um es zu bewältigen und die Emotionen und das Abspielen des Tonbades werden verdrängt.
- Die adoptierte Person betritt nun das „Land des *Schwebezustands*".
- Es gibt einen günstigen Zeitraum, in dem der *Schwebezustand* verhindert werden kann oder zumindest die Folgen des inneren Tonbandes gelindert werden können.
- Vergiss nicht, dass das Kind sich selbst überlassen ist, mit diesen Gefühlen zurecht zu kommen. Dieselben Gefühle sind so mächtig, dass erwachsene Adoptierte anfangs oftmals das Gefühl haben sie nicht überleben zu können, jedoch *können* sie mit Hilfe und Unterstützung überwunden werden.

- Schließe deine Augen und betrachte dein Inneres Kind im Alter der Kognition (sechs bis acht) und betritt seinen Raum. Frag es, wie es ihm geht. Frag es, ob es traurig ist, falls es dies nicht von selbst anführt. Sag ihm, dass es in Ordnung ist, traurig zu sein und vielleicht auch wütend. Beobachte sein Gesicht. Frag es, ob es gerne eine Umarmung möchte und wenn ja umarme es. Sag ihm, dass du es liebst und dass es dir mehr als irgendwem anders in der Welt vertrauen kann und dass du es niemals verlassen wirst. (Kannst du nicht, oder doch?) Sag ihm noch mal, dass es nicht an ihm lag und dass es liebenswert ist. Es war nicht seine Schuld, auch wenn es sich manchmal so fühlt, dennoch weißt du es war nicht seine Schuld. Umarme es noch einmal. Sag ihm, dass du ein paar Besorgungen machen wirst, dass du jedoch rund um die Uhr 24 Stunden verfügbar bist und dass du ihm immer antworten wirst. Umarme es noch einmal, sag ihm „Ich liebe dich" und komme zurück ins Hier und Jetzt.

Erfahrung des Augenblicks

- Es kann sein, dass du gerade Traurigkeit verspürst. Diese Traurigkeit stammt wahrscheinlich von dem Verlust, den die meisten in eine Adoption involvierten Personen erlitten haben. Respektiere deine Emotionen und verstehe, dass du sie fühlst, weil du sie brauchst und dass dies normal ist.

Solltest du denken, dass du dich wie eine Heulsuse verhältst oder in Selbstmitleid schwimmst, oder dass du schwach bist, weil du weinst, beginne zu verstehen, dass nur starke Personen bereit sind, sich den Schmerz ihres Verlusts fühlen zu lassen. Und es hat nichts mit Selbstmitleid zu tun über ein trauriges Ereignis traurig zu sein. Es ist höchste Zeit, dass du es dir erlaubst, dich traurig zu fühlen. (Oder nicht?)

Wenn du anfängst dich unsicher oder ängstlich zu fühlen, dass etwas Schlimmes passieren wird, schau dich im Raum um und nimm wahr, dass du dich in keiner körperlichen Gefahr befindest. Dann sprich dein Inneres Kind an, indem du dir laut im Kopf sagst: „Es passiert gerade nichts, es fühlt sich nur so an. Ich habe es gerade überprüft und wir sind okay."

Kapitel 6:

Die Scherben aufsammeln

Adoptierte sind beeinträchtigt nahezu alle Aufgaben der Adoleszenz zu vollbringen. Da ihnen das Grundwissen über ihre biologische Herkunft fehlt, haben sie Schwierigkeiten bei der Identitätsfindung. Darüber hinaus erleben Adoptierte größere Schwierigkeiten sich von ihren Eltern abzulösen als andere Teenager, zum Teil weil sie sowohl mit den Phantomeltern als auch den Eltern aus Fleisch und Blut zurechtkommen müssen.

Schließlich sind die Fragen der Sexualität, mit denen alle Jugendlichen zu kämpfen haben, für adoptierte Teenager zwangsläufig verknüpft mit und verkompliziert durch das Thema der eigenen Herkunft und Freigabe zur Adoption. Ihr steigendes Interesse an sexuellen Beziehungen wirft Fragen über ihre eigene Zeugung auf und steigert dadurch ihre Wut. Adoptierte in diesem Alter suchen oft unbewusst in partnerschaftlichen Beziehungen nach ihren leiblichen Müttern und weibliche Adoptierte werden in dem Bestreben sich mit ihren leiblichen Müttern zu identifizieren allzu oft schwanger. Männliche Adoptierte hingegen tendieren dazu ihre Wut körperlich auszudrücken.

Mythen:
- Teenager verhalten sich wie Teenager und adoptierte Jugendliche sind genauso wie alle anderen.
- Es spielt keine Rolle, wenn du deine Wurzeln, deine Herkunft nicht kennst.
- Du bekommst deine Identität von deinen Adoptiveltern

Fakten:

- Adoptierte Jugendliche haben eine Menge spezifische Probleme, die nur sehr schwierig zu bearbeiten sind, wenn keine Hilfe und Unterstützung verfügbar ist.
- Wenn du deine wahre Herkunft nicht kennst, entstehen enorme Schmerzen und Schwierigkeiten, insbesondere in der Adoleszenz.
- Deine Identität ist mit deiner Vergangenheit und deiner Herkunft verknüpft.

Die Adoleszenz ist eine Entwicklungsphase in der Menschen (bewusst oder unbewusst) beginnen über das perfekte Elternpaar, bei dem sie hätten aufwachsen können, nachzudenken und es zu ersehnen. Diesen „Wunsch" nennt man Familienroman-Fantasie. Am Ende dieser Periode (die oftmals bis in die 20er Lebensjahre andauert) erkennen wir, dass unsere Eltern fehlbare menschliche Wesen sind, die (hoffentlich) ihr Bestes getan haben, uns (hoffentlich) geliebt haben und dass sie tatsächlich die Einzigen waren, die uns großziehen konnten.

Adoptierte Jugendliche *wissen* hingegen, dass ein anderes Elternpaar sie hätte großziehen können. Dies kann enorme Schwierigkeiten verursachen. Die adoptierte Person wird (mindestens) jeden Morgen daran erinnert, wenn sie in den Spiegel schaut. Sie sieht das Gesicht eines Fremden, da sie niemals jemanden gesehen hat, der wie sie aussieht. Für den Adoptierten ist die Fantasie Realität und so beginnt eine neue Art über die leiblichen Eltern nachzudenken.

> Der berühmte Therapeut, Erik Erikson, fand heraus, dass er adoptiert ist als er zwanzig Jahre alt war. Erikson sagte, dass man kein Gefühl für Aktualität aufbauen kann, wenn man seine leibliche Familie nicht kennt. Was er mit Aktualität meint, ist die Fähigkeit sich mit Menschen und Ereignissen auf eine wirkliche Art zu verbinden.

Die Fragen: Wer, Was, Wo, Wann, Wie und Warum. Diese

Gedanken (erneut bewusst oder unbewusst) verfolgen den Adoptierten. Könnte diese Frau dort auf der Straße meine Mutter sein? Dieser Mann, könnte er mein Vater sei? Oder diese dort, könnte sie meine Schwester sein? In Wirklichkeit ist das Folter. Adoptierte haben daher große Schwierigkeiten ihre Adoptiveltern als fehlerhafte Wesen zu akzeptieren, die ihr Bestes getan haben. Oder umgekehrt wird der Adoptierte seine Adoptiveltern als die perfekten Eltern sehen, die ihn tatsächlich großgezogen haben und somit den wahren Konflikt verdrängen. Solche Adoptierte sagen oftmals: „Ich bin froh, dass sie mich abgegeben hat" in einem weiteren Versuch ihre versteckten Gefühle und die Realität ihrer Situation zu verleugnen.

Adoptierte haben Identitätslücken[14], die durch unvollständige Informationen über ihre Vergangenheit entstanden sind. Adoptierte wissen, wer sie sind (was ihre Eltern ihnen erzählt haben, was sie sind) und gleichzeitig wissen sie es nicht. „Meine Familie ist meine Familie, aber ich habe noch eine Familie." Wie kann ein Adoptierter zwei Familien in seine Identität integrieren, wenn er nur eine kennt? Es gibt noch existentiellere Fragen. Warum ist mir das passiert? Ist es wirklich passiert? Was werde ich aus meinem Leben machen? Der Ausdruck „Die Zukunft ist blind ohne Sicht auf die Vergangenheit" gilt besonders für adoptierte Personen. Adoptierte haben große Schwierigkeiten herauszufinden, welchen Weg sie in ihrem Leben einschlagen sollen. Soll ich ein(e) …. werden? Adoptierte versuchen oft eine berufliche Laufbahn nach der anderen. Viele Adoptierte, wie auch Nicht-Adoptierte, bleiben bei der ersten Berufswahl aus Angst vor Veränderung, aber oftmals ist es sehr unbefriedigend. Viele Adoptierte suchen sich den Beruf aus, den sich ihre Eltern wünschen. Die Schwierigkeit ist zum Teil, dass Adoptierte nicht umgeben von Blutsverwandten aufgewachsen sind, deren Talente sie sehen können, deren Karrieren sie als einen wirklichen Teil der Natur

---

[14] Sorosky, Baran & Pannor, *The Adoption Triangle*

ansehen können. Es ist nicht so, dass wenn ihr leiblicher Großvater ein Holzfäller war, sie auch ein Holzfäller werden, außer sie denken darüber nach und können es verwerfen, wenn sie es wünschen. Es ist ein Teil dessen, wer sie sind.

Am beunruhigendsten von alledem ist wahrscheinlich, dass wenn deine Gefühle ausgeschaltet sind und die **wirklichen** Gefühle (durch die Fraktur) nicht zugänglich sind, wenn du deine inneren Gedanken und Gefühle über dich, deine zwei Mütter und deine Gefühle über die Welt, die dir das „angetan" hat, nicht kennst, wie sollst du in der Lage sein gute Entscheidungen zu treffen? Ohne diese Gefühle hast du keine ausreichenden Informationen. Adoptierte denken anders über die Welt als andere Menschen und ihre Gedankenprozesse führen daher oftmals zu Entscheidungen, die nicht gut funktionieren.

Die Hormone der Jugendlichen rasen und in dieser hektischen und verwirrenden Zeit denken Adoptierte über ihre Erzeugung nach, über die sie wenig oder gar nichts wissen, und sie hinterfragen sich selbst. Wer bin ich wirklich? Oftmals gibt es eine Verwirrung über ihr Geschlecht. Wenn ich nicht weiß, wer ich wirklich bin, vielleicht bin ich dann nicht wirklich ein Mann oder nicht wirklich eine Frau. Das ist sehr schmerzhaft und verstärkt oftmals die Wut. Adoptierte suchen häufig in partnerschaftlichen Beziehungen nach ihrer leiblichen Mutter, ein weiterer Anlauf sich mit ihr wieder zu verbinden. Diese Beziehungen sind oftmals sehr intensiv und ähneln der Beziehung zwischen einem Neugeborenen und seiner Mutter. Dieses Verhalten setzt sich oft im weiteren Leben des Adoptierten fort. Adoptierte wählen ihren Partner oft schlecht aus (nicht in der Lage ihre wahren Gefühle zu empfinden und handelnd aufgrund der Bedürftigkeit ihres Inneren Kindes) und suchen sich oft Personen aus, die nicht verfügbar sind. Wenn der Adoptierte jemanden auswählt, der verfügbar ist, wird er die Beziehung oftmals sabotieren. **Nähe kann dazu führen wie-**

der verlassen zu werden. Adoptierte können durch die unerfüllten Bedürfnisse aus ihrer Kindheit große Schwierigkeiten in erwachsenen Beziehungen mit ihren Partnern haben.

Wenn wir den Adoptierten helfen können mit ihren wahren Gefühlen in Kontakt zu kommen, die unerfüllten Bedürfnisse ihrer Kindheit als das anzuerkennen, was sie sind und zu verstehen, dass was bei der Geburt geschehen ist, nie wieder passieren kann, können sie anfangen besser auszuwählen und lernen gute, liebevolle, erwachsene Beziehungen zu ihren Partnern zu haben.

Der Ausdruck von Wut und Traurigkeit durch Verhalten anstelle von Worten oder Ausagieren kann während der Adoleszenz seinen Höhepunkt erreichen. Wut, Schmerz und Traurigkeit sind sich anhäufende Emotionen. Ereignisse und Gedanken, die diese Emotionen verursachen, wandern in einen Topf, der sich mit jeder Erfahrung weiter füllt. Der Adoptierte hat (mindestens) drei Traumata erlebt, daher ist der Topf sehr voll. Wenn wir dem Adoptierten nicht helfen seine Gefühle auf eine gesunde Art und Weise auszudrücken, ist der Topf bereit zu explodieren. Dann, wie es für einige zu oft geschieht, gehen wir in den Feinkostladen und fragen den Feinkosthändler nach Corned Beef auf Roggenbrot mit Senf, er gibt es uns mit Mayo und wir möchten ihn in Stücke reißen. Diese Art der Erfahrung ist typisch für Adoptierte: Nicht zu wissen, wie sie ihren Ärger ausdrücken sollen, vielleicht (in vielen Fällen) seine Existenz erst gar nicht zu bemerken. Der Topf ist voll und die kleinste Provokation bringt das ganze Gewicht des Wuttopfes in die damit nicht zusammenhängenden Gefühle des Augenblicks.

Im Allgemeinen benötigt es körperliche Energie um Geheimnisse zu bewahren und die verdrängten Emotionen verborgen zu halten. Wenn wir beginnen unsere verborgenen Gefühle wie beispielsweise Wut etc. zuzulassen, setzen wir

die Energie frei, die wir sonst dazu benutzen, um unsere Gefühle wegzuschließen. Wir werden mehr Energie haben unser
Leben zu leben. Wir werden uns viel besser fühlen und **wenn
wir uns den Schmerz, die Wut und die Traurigkeit und alle
anderen Gefühle des Lebens fühlen lassen, können wir
dann und nur dann wahres Glück erfahren!**

Wenn wir lernen unsere Wut zu kanalisieren, können
wir die Energie für andere Dinge nutzen und von mehr Energie
für Vergnügen profitieren.

Zusammenfassung

- Adoptierte haben eine besonders schwierige Zeit während der Adoleszenz.
- Das Fehlen der Informationen über ihre Herkunft verschlimmert ihre Schwierigkeiten.
- Es ist normal für Adoptierte während der Adoleszenz in
  einer Krise zu sein.
- Wenn Adoptierte ausagieren bzw. ihre Gefühle ausle-
  ben, ist dies ein Ausdruck ihres Schmerzes und der
  Verwirrung über ihre Identität.
- Wut, Schmerz und Traurigkeit sind sich anhäufende
  Emotionen und ein kleines, störendes Ereignis kann
  dazu führen, dass der Adoptierte die gesamte Wut seiner Vergangenheit erlebt.

Übung

- Schreibe in deinem Tagebuch, so gut du kannst, auf,
  an was du dich über diese Zeitspanne deines Lebens
  erinnerst. Was hast du getan, gefühlt und gedacht?
  Wie bist du mit deinen Eltern zurechtgekommen? Es
  kann sein, dass du dich viel oder relativ wenig erinnerst.
  Das ist in Ordnung. Schließe deine Augen und versu-

che dir dich selbst als Teenager vorzustellen. Gehe wie zuvor in das Bild und frage dein jüngeres Selbst, was es fühlt. Horche nach einer spontanen Rückmeldung. Versuche einen Dialog mit deinem jüngeren Selbst durchzuführen und schreibe diesen in dein Tagebuch. Beachte, dass es Zeit braucht, um in der Lage zu sein dies zu tun. Es ist nicht immer einfach damit zu beginnen, aber wenn es dir leicht fällt das zu tun, werden die Belohnungen hinsichtlich der Heilung und des Selbstwertgefühls großartig sein.

Erfahrung des Augenblicks

- Es kann sein, dass du beginnst dich wütend zu fühlen. Es ist in Ordnung sich wütend zu fühlen. Es ist nur ein Gefühl. Wut zu fühlen, ist normal; es ist lediglich wichtig, was du damit machst. Du könntest versuchen dir laut im Kopf zu sagen, „Ich werde meinen Ärger nehmen und dazu benutzen ein Bild zu malen, eine Geschichte zu schreiben, eine Runde um den Block zu rennen, das Haus zu putzen oder den Abwasch zu machen..." Du füllst die Lücke. Das nennt man Kanalisierung der Wut. Es ist ein sehr effektiver Weg die Wut, die sich in dir angestaut hat, zu reduzieren. Du kannst deine Wut in jede nicht-sitzende Tätigkeit kanalisieren und abgesehen davon, dass du dich besser fühlst, wirst du nicht mehr wie in der Vergangenheit in die Luft gehen. Du musst deine Wut nicht fühlen, um sie zu kanalisieren, sei dir nur bewusst, dass sie da ist. Du wirst entdecken, dass dir das mehr Energie gibt, dein Leben zu leben. Kannst du dir die Erleichterung vorstellen deine Gefühle nicht mehr unterdrücken zu müssen?

Kapitel 7:

Unvollständiger Übergang

Adoptierte stehen in ihren frühen zwanziger Jahren vor zahlreichen Problemen, insbesondere Beziehungen einzugehen und eine Berufswahl zu treffen. Sie haben aus vielen Gründen enorme Schwierigkeiten irgendjemandem in einer Beziehung zu vertrauen. Man könnte die These aufstellen, dass es für einen Adoptierten schwer sein könnte jemals einer Frau zu vertrauen, da es eine Frau gewesen ist, die den Adoptierten zu Beginn seines Lebens verlassen hat. Allerdings haben Frauen genauso viele Schwierigkeiten in Beziehungen mit Männern, wie Männer mit Frauen. Wenn sie homosexuell sind, könnten sie noch zusätzliche Probleme mit Beziehungen haben. Jedoch spielt es keine Rolle welches Geschlecht der Adoptierte hat. Adoptierte haben in der Regel Schwierigkeiten anderen Personen in jeder Art von Beziehung zu vertrauen. Ebenso fällt es ihnen schwer einen Ausbildungsschwerpunkt auszuwählen und eine Berufsplanung festzulegen, weil sie oftmals nicht mit ihren Bedürfnissen und Wünschen in Kontakt stehen. Dies beeinflusst Entscheidungen sowohl in Hinblick auf Beziehungen als auch den beruflichen Werdegang.

> „Menschen, die narzisstisch verletzt sind, haben nicht nur eine schwache Verbindung zu sich selbst, sondern können auch nur schwer persönliche Beziehungen mit anderen Personen eingehen, insbesondere wenn der Verlust früh geschehen ist. Aufgrund solcher Erfahrungen mistrauen sie anderen Personen und jede Trennung, egal wie weit entfernt, ruft Angst hervor, die sie daran hindert Beziehungen einzugehen." – *The Abandoned Child Within* – Kathryn Asper

Mehr als ihre Nicht-Adoptierten Pendants sind Adoptierte durch einen inneren Kampf daran gehindert ihr Leben in

44

die Hand zu nehmen. Sie stehen in einem Konflikt zwischen ihren eigenen Bedürfnissen und Wünschen, dem Druck und Wunsch den Adoptiveltern zu gefallen und den ausgemalten Hoffnungen und Träumen, die ihre idealisierte leibliche Mutter für sie haben könnte. Der Konflikt zwischen den beiden Müttern kommt in jeder Entwicklungsphase ins Spiel. In den frühen Phasen des Erwachsenenalters spielt dieser Konflikt eine signifikante Rolle in der Entwicklung von langfristigen Beziehungen, da es sein kann, dass Adoptierte ihre Partner auf Grundlage ihrer imaginierten Beziehungen zu ihrer leiblichen Mutter aussuchen, während sie auf die Beziehung zu ihren aktuellen Adoptiveltern reagieren.

Mythen:
- Wenn die Adoptiveltern ihre Aufgabe gut machen, wird das Adoptivkind keine Probleme damit haben anderen zu vertrauen.
- Die Adoptiveltern kompensieren den Verlust der leiblichen Familie.
- Das Adoptivkind sollte ein gutes Selbstbild von seiner Adoptivfamilie bekommen.

Fakten:
- Adoptierte haben Schwierigkeiten irgendetwas in einer Welt zu vertrauen, die sie von ihrer leiblichen Familie getrennt hat.
- Nichts kann den Verlust der leiblichen Familie wieder gut machen.
- Da das Adoptivkind glaubt es sei nicht liebenswert, ist es sehr schwierig für dieses Kind ein gutes Selbstvertrauen zu entwickeln.

Beziehungen sind aus zahlreichen Gründen schwierig. Vertrauen ist die größte Sorge und verursacht Adoptierten große Schwierigkeiten in Beziehungen. Adoptierten fällt es schwer enge Beziehungen mit anderen Personen zu entwickeln, denn wenn man seiner eigenen Mutter schon nicht vertrauen konnte bei einem zu bleiben, wie soll man dann irgendjemand anderem vertrauen in einer Beziehung mit einem zu bleiben? Da die leibliche Mutter und der Adoptierte nicht dazu kamen ihre

> Man sagt oft man sei überwältigt, wenn man eigentlich meint, dass man **Angst hat** man könne überwältigt werden. Wenn man wirklich überwältigt ist, nehme ich an, dass man auf dem Boden unter dem Tisch liegt und am Daumen nuckelt. Da die Art und Weise wie wir unseren Gemütszustand bezeichnen unseren Gemütszustand beeinflusst, habe ich das Wort überschwemmt als einen Ersatz gewählt, wo es angemessen erscheint.

Beziehung, die erste Beziehung, die der Adoptierte jemals erlebt hat, fortzusetzen, gibt es keine solide Grundlage oder ein Vorbild für die Entwicklung normaler, erwachsener Beziehungen. Egal welche Beziehung der Adoptierte mit seinen Adoptiveltern hatte, das Wissen über das Versagen der Mutter-Kind-Beziehung verfolgt den Adoptierten. Je näher der Adoptierte folglich jemandem kommt, desto größer ist das Risiko sich durch Ablehnung auf irgendeine Art und Weise am Boden zerstört zu fühlen.

Jedes Mal wenn der Adoptierte eine Art von Verlust erlebt, ist es wahrscheinlich, dass die Gefühle des Schmerzes über den Mutterverlust am Anfang des Lebens wiederbelebt werden. Wenn dieser Schmerz nicht anerkannt oder aufgelöst wird, wird jeder Verlust den Schmerz des ursprünglichen Verlustes verschlimmern, so dass der Adoptierte von einem Gefühl von Schmerz *überschwemmt* wird, auch wenn der Auslöser eher gering ist. Es ist üblich, dass die Erfahrung einer Trennung in einer partner-

> **ANGST** kann auf falsche Annahmen, die wahr erscheinen, zurückgeführt werden. (FEAR False Evidence Appearing Real)

schaftlichen Beziehung sich so anfühlt, als würde er tatsächlich an dem Verlust sterben. Wie bereits oben ausgeführt wurde, geht dieses Gefühl auf den Verlust seiner leiblichen Mutter zurück, weshalb die Ablehnung des geliebten Menschen sich noch schmerzhafter und vernichtender anfühlt, als sich erwarten ließe.

Wenn Adoptierte eine romantische Beziehung eingehen, suchen sie bewusst oder unbewusst oftmals Personen, die ihre idealisierte leibliche Mutter repräsentieren. (Es gibt drei Stereotypen, die sich Adoptierten oft aufdrängen: die negative Darstellung von Frauen, die ihre Kinder zur Adoption freigeben, heruntergekommen oder zu locker zu sein, oder eine alte, zahnlose, alkoholabhängige Hexe, das „schwarze Schaf" genannt zu werden, oder das idealisierte, unschuldige, typisch amerikanische Traummädchen.) Adoptierte schwanken vielfach zwischen den beiden, ohne über die wahren Werte der Person zu urteilen, vielmehr auf der Suche nach einem Bild, das ein gutes Gefühl hervorruft, was so simpel sein kann wie nicht erneut abgelehnt zu werden. Meistens sind diejenigen, die nach diesem Muster ihre Partner auswählen, sich nicht darüber bewusst, dass es eine Verbindung zwischen ihrem Verhalten und der Tatsache, dass sie bei der Geburt freigegeben wurden, gibt.

Adoptierte gehen oft eine Serie von zerbrochenen und ungesunden Beziehungen ein. In einer Forschungsstudie, die ich über Adoptierte und ihre Beziehungen durchgeführt habe, hat sich herausgestellt, dass der durchschnittliche Adoptierte, der diese Untersuchung vollendet hat, zweimal verheiratet war und eine große Anzahl an sehr kurzen, intensiven und spontanen Affären hatte. Dieses Ausmaß scheint mit der Sehnsucht nach der Beziehung zur leiblichen Mutter und dem Trauma ihrer Abwesenheit zusammenzuhängen. Die Studie fand ebenfalls heraus, dass abgesehen von dem großen Anteil an Personen, die zahlreiche, turbulente Begegnungen in der Vergangenheit hatten, es 20 % der Erwachsenen (Durchschnittsalter 32) gab, die niemals eine partnerschaftliche Beziehung hatten – keinerlei intime Beziehung überhaupt.

Die Befürchtung hinsichtlich der Entwicklung partnerschaftlicher Beziehungen hängt auch mit der Angst des Adoptierten zusammen, dass jemand einen Fehler in ihm sieht. Diese Angst, die häufig unbewusst ist, ist auf die tiefe, kurz vor dem Zeitpunkt der Fraktur gebildete Überzeugung des Adoptierten zurückzuführen, dass etwas mit ihm falsch gewesen sein muss, aufgrund dessen er bei der Geburt zur Adoption freigegeben wurde. Oftmals fühlen Adoptierte, dass sie es nicht verdient haben geliebt zu werden, da etwas mit ihnen grundsätzlich falsch sein muss, wenn ihre eigene Mutter sie nicht behalten wollte.

Aufgrund dieser Schlussfolgerung enden Adoptierte oft in schädlichen Beziehungen unterschiedlich starker Ausprägung. Sie fühlen, dass sie es nicht besser verdient haben und dass dies sogar eine angemessene Strafe für ihren „Fehler" sein könnte, den sie sicherlich haben. Was für Adoptierte wichtig zu verstehen ist, ist dass die Entscheidung der leiblichen Mutter sie freizugeben nichts mit irgendeiner ihrer angeborenen Eigenschaften oder Merkmale zu tun hat. Alle Babys sind liebenswert und verdienen Zuneigung und positive Aufmerksamkeit. Sich nicht liebenswert zu fühlen, ist möglicherweise sich zu fühlen, als würde man vernichtet werden. Vielen Adoptierten fällt es schwer dies zu verstehen. Eine Adoptierte Mitte zwanzig hatte das Gefühl, dass wenn sie eine Therapie begänne, sie über einen Teil von sich herausfände, der sie zerstören würde – der Teil, der sie nicht liebenswert gemacht hat. Diese Person hatte Panikattacken in der Therapie über genau dieses Thema

> Wiederholungszwang ist ein unbewusster Versuch die Konflikte der Kindheit durch erwachsene Beziehungen zu lösen, die dem Verhalten und den Konflikten der Vergangenheit ähneln. Sie sind daher zum Scheitern verurteilt.

und Träume über Aliens aus dem Weltall, die sie zerstören und in den Weltraum zerren würden, wenn sie diesen schlimmen Teil von sich entdecken würde.

Wenn Adoptierte sich in missbräuchlichen Beziehungen wiederfinden, ziehen sie es oftmals vor, in dieser Situation zu verbleiben, auch wenn sie unglücklich sind, anstatt durch den schlimmen Schmerz einer Trennung zu gehen. Wie bereits oben besprochen, ist die Angst vor einem Verlust aufgrund der Verbindung zu dem Schmerz des ursprünglichen Verlustes bei der Geburt so groß, dass selbst eine turbulente und gefährliche Beziehung behaltenswert erscheint, wenn der Schmerz dadurch vermieden werden kann.

Wie es oftmals in missbräuchlichen Beziehungen der Fall ist, ist der schädigende Partner für den Misshandelten emotional unerreichbar. Adoptierte fühlen sich zu diesen Personen hingezogen, weil er oder sie mit dem Wunsch des Adoptierten übereinstimmt, jemanden zu finden, der wirklich seiner leiblichen Mutter entspricht, welche der Inbegriff der Nicht-Liebenswürdigkeit ist. Das hier beschriebene, unbewusste Verhalten nennt man *Wiederholungszwang*. Es bedeutet, dass ein Adoptierter tatsächlich Personen findet, die ihn sicherlich wieder verlassen werden. Der Adoptierte wird wiederholt von Partnern angezogen, die ihn in einer missbräuchlichen oder emotional unerreichbaren Art behandeln werden und der Adoptierte wird zwanghaft versuchen, diese Person zu verändern, um den Adoptierten in einer liebevolleren und zugewandteren Art und Weise zu behandeln. Die Hoffnung das Verhalten des Partners zu ändern, spiegelt den Wunsch des Adoptierten wider, dass die leibliche Mutter ihr Verhalten ändert, zurückkommt, ihn mit Liebe versorgt und den Adoptierten nie wieder verlässt. Da die leibliche Mutter sich jedoch nicht geändert hat, indem sie zurückgekommen ist und verfügbar ist, wird der erwachsene Adoptierte niemals zufrieden sein, es sei denn, der Partner hält ebenfalls an seinem missbräuchlichen

Verhalten fest. Daher befindet er sich in einer paradoxen Situation, denn wenn der Traum den Partner zu verändern in die Tat umgesetzt wird, wird der Adoptierte nicht zufrieden sein, weil die Beziehung dann nicht dem Muster entspricht, dass die Mutter für Verlust steht.

Wenn ein Adoptierter zufällig jemanden wählt, der ihn nicht verlässt, jemanden der für den Adoptierten verfügbar ist, unabhängig davon, ob er schädlich ist oder nicht, dann wird der Adoptierte sich oft unbewusst dazu verpflichtet fühlen die Beziehung zu sabotieren. Es ist wirklich unerträglich zu denken, dass irgendjemand tatsächlich für ihn da sein könnte. Die Botschaft, die im Kopf des Adoptierten bleibt, ist dass wirklich geliebt zu werden eine Katastrophe ist, da der Partner ihn auf jeden Fall wieder verlassen wird, was den unerträglichen Verlust der Mutter zu Beginn seines Lebens wiederbelebt. Es fühlt sich unter diesen Umständen wie ein enormes Risiko an, in einer Beziehung zu bleiben.

Um eine gelungene erwachsene Beziehung zu entwickeln, ist es entscheidend, dass der Adoptierte versteht, dass die tiefe Angst der Partner könnte ihn verlassen daher kommt, dass der Partner die leibliche Mutter repräsentiert. Dann kann der Adoptierte lernen seine Forderungen nach Bedürfniserfüllung in einer Beziehung zu beachten oder kann mit jemandem zusammen sein, der offen sagt „Nun, es scheint mir, dass du mich gerade dazu aufforderst dich zu bemuttern." Wenn ein Adoptierter offen ist das zu hören, weil er genug an sich gearbeitet hat, dann hat er eine sehr gesunde Stufe der Beziehungsentwicklung erreicht. Er kann dann gute Beziehungen haben; aber er muss weiterhin mehr daran arbeiten als andere Personen.

Adoptierte konzentrieren sich oft mehr auf ihre eigenen Bedürfnisse in einer Beziehung, was auf die ursprünglichen Bedürfnisse zurückgeht, die in ihrer ersten Beziehung überhaupt – mit ihrer leiblichen Mutter - nicht erfüllt wurden. Unabhängig davon wie oft sie versuchen, sie zu erfüllen, werden diese Bedürfnisse niemals vollständig in erwachsenen Beziehungen erfüllt werden können, weil es unmöglich ist als Erwachsener das zu bekommen, was man als Baby hätte haben sollen und dadurch die Leere zu füllen. Hinzu kommt, dass Adoptierte oft sehr bedürftig sind und von ihrem Partner erwarten, dass er immer für sie da ist und permanent bei jeder kleinen Aufgabe behilflich ist. Es wird nicht immer ausgesprochen, aber es ist diesen Beziehungen zu eigen, dass der Adoptierte versorgt werden will und das erzeugt oftmals eine erdrückende Atmosphäre für seinen Partner, was ihn auch verschrecken kann. Wenn Adoptierte die endgültige Trennung befürchten, werden sie oftmals noch bedürftiger und anhänglicher aufgrund der Angst den Schmerz eines weiteren Verlustes, der an den Verlust der leiblichen Mutter erinnert, zu erleben.

Eine weitere Hürde, der Adoptierte oft begegnen, wenn sie nach einer erwachsenen Beziehung suchen, ist die Hoffnungslosigkeit hinsichtlich ihrer Zukunft. Ohne ein Gefühl für die Vergangenheit, ist es sehr schwer sich die Zukunft zu erträumen oder eine Vorstellung von Bedürfnissen, Wünschen oder Beziehungen zu haben, die noch kommen werden. Ohne zu wissen, wie man sein Leben begonnen hat, kann es sehr schwierig sein herauszufinden, wie es weiter gehen soll. Eine Adoptierte berichtete, dass sie das Gefühl hatte niemals das 21. Lebensjahr zu erreichen und dass es keine Zukunft für sie gäbe. Viele andere Adoptierte dachten niemals, dass sie dreißig Jahre alt werden würden – sie hatten einfach das Gefühl, dass es nicht passieren wird, weil ihre Vergangenheit unbekannt war.

Wie bereits in den vorherigen Kapiteln besprochen, veranlasste das dritte Trauma – die Fraktur – den Adoptierten dazu alle Gefühle abzuschalten, weil sie zu schmerzhaft mit dem ursprünglichen Verlust der leiblichen Mutter verbunden waren. Dies erzeugt auch ein Gefühl sich nicht über seine eigenen Bedürfnisse und Wünsche im Klaren zu sein, weil es keine Bauchgefühle gibt, die den Adoptierten leiten könnten. Sie sind „unter dem Eis" versteckt. In der Wahl der Liebespartner, sind sich Adoptierte oft nicht über die Alarmglocken bewusst, die einer Person normalerweise dazu dienen würden, sie davor zu warnen eine ungesunde Beziehung einzugehen. Interessanterweise haben viele Adoptierte in Beziehungen die Gemeinsamkeit, dass sie die Tendenz haben sich von Personen auswählen zu lassen. Das steht auch damit in Verbindung, wie ihre zweite Beziehung sich gebildet hat. Adoptierte wurden von ihren Adoptiveltern ausgesucht, die schließlich diejenigen waren, die die Liebe, Zuneigung und Sicherheit, die sie erfahren haben, in welchem Ausmaß auch immer zum Ausdruck gebracht haben. Das war das zweite Modell für die Gestaltung von Beziehungen, deren Adoptierte „Zeuge wurden" und beeinflusst oftmals die Art erwachsene Beziehungen einzugehen. Wenn Adoptierte eine Person treffen, die sich entscheidet eine Beziehung mit ihnen einzugehen, dann bekommen sie das Gefühl festzusitzen und keine Wahl zu haben aus der Beziehung herauszukommen, denn das war die Art und Weise, wie sie ursprünglich von ihren Adoptiveltern vorgefunden wurden. Adoptierte „entscheiden sich" die andere Person sie lieben zu lassen. Wenn Adoptierte dann ihren Partner verlassen möchten, scheint das unmöglich, da dies ihre unbewussten Gefühle die Adoptiveltern zu verlassen berührt, was ein Verrat wäre und mit schmerzhaften Gefühlen, die Adoptierte sich nicht eingestehen möchten, assoziiert wird.

Um diesen und viele weitere Konflikte zu vermeiden, ist es eine Möglichkeit, dass die Adoptiveltern einen Weg finden den Schmerz und das Thema des Verlusts offen mit dem Adoptierten zu besprechen. Was ebenfalls getan werden kann, ist Adoptionen zu öffnen, so dass Adoptierte ihre leiblichen Mütter treffen und sehen können und daher wissen, dass sie reale Personen sind. Hoffentlich würde der Adoptierte eine angemessene Geschichte darüber hören, warum seine leibliche Mutter nicht bei ihm ist und von seiner leiblichen Mutter hören, dass er von ihr geliebt wird.

Adoptierte haben oft konfliktreiche Beziehungen mit ihren Adoptiveltern. Aus der Sicht des Adoptierten sind die Adoptiveltern an allem „Schuld". Wenn ihre Eltern sie geboren hätten, wie es eigentlich sein sollte, hätten sie nicht eine Familie verloren, wären nicht adoptiert worden und müssten nicht den ganzen Schmerz ertragen. Ebenso wären sie weiterhin bei ihren leiblichen Eltern, wenn ihre Eltern sie nicht adoptiert hätten. Erneut, kein Verlust, kein Schmerz. Hinzu kommt, dass Adoptierte und ihre Adoptiveltern oft auf verschiedenen Wellenlängen sind, verschiedene Arten in der Welt zu sein, welche genetisch vorbestimmt sein könnten und welche die Kommunikation erschweren. Schließlich verweilt der Geist der leiblichen Familie im Adoptivzuhause, so dass es unausgesprochene Gedanken und Gefühle gibt, mit denen sich auseinandergesetzt werden muss, ansonsten gibt es eine zusätzliche Anspannung in der Familie.

Wenn die Adoptiveltern nur ihren eigenen Schmerz teilen könnten, dann wäre es wahrscheinlich leichter für den Adoptierten sich zu öffnen, seinen Schmerz zu teilen und würde zu einem besseren Verständnis und zu besseren Beziehungen zwischen den Familienmitgliedern führen. Gemeinsames Teilen kann zu einer gemeinsamen Nähe führen.

Es ist wichtig anzumerken, dass ohne eine Wiedervereinigung, die Fähigkeit des Adoptierten seine Adoptiveltern als „real" zu akzeptieren schwieriger ist und die Idealisierung seiner leiblichen Eltern weiterhin beeinträchtigen kann, nicht nur in partnerschaftlichen Beziehungen, sondern auch in Beziehung zu den Adoptiveltern.

Zusammenfassung

- Adoptierte haben oft Schwierigkeiten mit engen Beziehungen.
- Adoptierte haben oft Schwierigkeiten einen passenden Beruf zu finden.
- Adoptierte haben oft Angst sich ihrer eigenen Wahrheit zu stellen.
- All diese Schwierigkeiten lassen sich mit Arbeit überwinden.

Übung

- Schließe deine Augen und versuche dir dich im Alter von sieben Jahren vorzustellen. Gehe in das Bild und stelle dich vor die junge Person, die du warst. Sage laut in deinem Kopf, „Hi, ich bin wiedergekommen, um dich erneut zu besuchen." Erinnere dein Inneres Kind, dass du all die Jahre für es gesorgt hast und obwohl es vielleicht Angst hat, hast du es wirklich sehr gut beschützt. Sag ihm, dass es in Ordnung ist, Menschen nahe zu kommen und frag es, wie es sich mit dieser Aussage fühlt. Frag es, wie es ihm geht, nachdem es dich das sagen gehört hat. Sag ihm, dass es in Ordnung ist zu fühlen, was auch immer es sagt, dass es fühlt. Erinnere es, dass was anfangs passiert ist, nie wieder passieren kann. Sag ihm, dass je mehr es sich erlaubt, seine wahren Gefühle zu empfinden und es dir, dem Erwachsenen, zu sagen, desto leichter wird es Personen auszuwählen mit denen es sicher ist eine Beziehung einzugehen.

- Es kann sein, dass du aufgrund des Gesprächs mit deinem Inneren Kind etwas Angst verspürst. Es kann sein, dass du dich etwas hoffnungslos und verletzlich fühlst. Diese Gefühle sind ganz und gar nicht angenehm, jedoch sind sie zu erwarten und sie werden dir nicht weh tun, sie werden dir nur unbehaglich sein. Es ist wirklich richtig und gesund deine Gefühle zu erleben, unabhängig davon, welche es sind. Du musst Toleranz für unangenehme Gefühle entwickeln, um in der Lage zu sein deinen Heilungsprozess durchzuführen. Warum stellst du dir nicht vor, deinem Inneren Kind eine Umarmung zu geben. Sag: „Ich liebe dich" zu ihm und sag ihm es soll sich entspannen, es ist sicher. Sag: „Ich weiß, dass es sich nicht so anfühlt, aber wir sind okay."

Kapitel 8:

In der Schwebe: Die Hölle, nicht die Wahrheit zu Wissen

Wie bereits erklärt wurde, ist die Zukunft blind ohne Sicht auf die Vergangenheit. Die Auswirkungen auf das Leben adoptierter Personen, die ihre Herkunft nicht kennen, ist ein Paradebeispiel dieses Sprichwortes. Wenn Adoptierte nicht die Wahrheit darüber wissen, warum sie freigegeben wurden, werden sie wahrscheinlich niemals (es sei denn sie leisten viel Arbeit ähnlich zu dem, was in diesem Buch dargelegt wird) in der Lage sein jemandem wirklich zu vertrauen in einer Beziehung mit ihnen zu bleiben. Infolgedessen könnten ihre Beziehungen voller Schwierigkeiten sein.

Die vorgefundenen Beziehungsschwierigkeiten des frühen Erwachsenenalters nehmen zu, wenn Adoptierte sich einer Hochzeit oder Elternschaft nähern, sie in Erwägung ziehen oder diese Ereignisse stattfinden. Aus zahlreichen Gründen sind Hochzeiten für Adoptierte ein Risiko. Dazu gehören ein generelles Misstrauen gegenüber anderen, die Tendenz zurückweisende Personen als Partner auszuwählen, Eifersucht und/oder Angst vor dem Verlassenwerden und die Tendenz auf Seiten beider Geschlechter idealisierte Mütter als Partner auszuwählen.

Kinder zu haben, ist oft verunsichernd für Adoptierte. Die Geburt eines Kindes erinnert den Adoptierten offensichtlich an seine eigene Geburt und seine leiblichen Eltern. Wenn die Frau eines männlichen Adoptierten Mutter wird, könnte er wollen, dass sie seine Mutter ist und/oder er könnte sie mit seiner Mutter identifizieren, die ihn verlassen hat. Eine weibliche Adoptierte, auf der anderen Seite, identifiziert sich sowohl mit ihrer eigenen leiblichen Mutter als auch mit ihrem Säugling und wird ihr Kind oft überfürsorglich behandeln. Es besteht auch eine große Wahrscheinlichkeit einer unbewussten Eifersucht und Wut gegenüber ihrem Kind. Schließlich bekommt ihr Kind, was sie nicht bekommen hat: die Möglichkeit bei ihrer leiblichen Familie aufzuwachsen. Dies ist etwas, worüber sich alle Adoptierten, die sich entscheiden Eltern zu werden, bewusst sein sollten.

Adoptierte beider Geschlechter behalten Schwierigkeiten herauszufinden, was sie aus ihrem Leben machen sollen. Dies und die Tendenz sich wie ein Kind zu fühlen und auf der Arbeit und in persönlichen Beziehungen auch kindlich zu verhalten, tragen zu anhaltenden Schwierigkeiten sich beruflich zu etablieren bei.

Bestimmte Ereignisse im erwachsenen Leben eines Adoptierten – wie beispielsweise Hochzeit, Schwangerschaft/Geburt eines Kindes oder der Tod eines Adoptivelternteils – sorgen oft dafür, dass der verdrängte emotionale Konflikt bezüglich der eigenen Geburt und Freigabe zum Vorschein kommt. Zu diesem Zeitpunkt beginnen viele Adoptierte nach ihrer Herkunft zu suchen und nehmen vielleicht auch therapeutische Hilfe in Anspruch, obwohl sie sich möglicherweise an diesem Punkt noch nicht eingestehen wollen oder können, dass Adoption für sie ein Thema ist.

Mythen:
- Wenn eine adoptierte Person glücklich und angepasst aussieht, ist sie es auch.
- Wenn eine adoptierte Person sich entschließt, die Wahrheit zu suchen, ist sie emotional unausgeglichen.

- Wenn eine adoptierte Person ihre Herkunft sucht, versucht sie abzurechnen oder reich zu werden.

Fakten:
- Viele Personen, die glücklich scheinen, verbergen nur (unbewusst) ihren Schmerz.
- Es ist normal und gesund für eine adoptierte Person ihre eigene Wahrheit wissen zu wollen und ihren eigenen Ursprung kennen.
- Adoptierte suchen, um ihre Identität zu vervollständigen.

===

Wie Betty Jean Lifton[15] dargelegt hat, haben Adoptierte einen Suchenden und einen Nicht-Suchenden in sich. Wenn der Nicht-Suchende dominant ist, kann der Adoptierte vermeiden den Schmerz des Verlustes seiner leiblichen Familie, Gefühle des Verlassenwerdens und fehlendes Selbstwertgefühl zu empfinden. Einige Adoptierte begeben sich nie auf die Suche, weil die Ängste zu schwer zu ertragen scheinen. Der Schmerz, die Traurigkeit und die Wut bauen sich auf und der Adoptierte muss diese Gefühle wie eingefroren halten, da es sich sonst so anfühlt als würden die Gefühle ihn umbringen. Ihr bloßes Überleben hängt von dem Erfolg ihrer Abwehrmechanismen der Verleugnung und/oder Verdrängung ab.

Welche Gefühle eine Person auch immer unter der Oberfläche behält, sie beeinflussen weiterhin ihr Leben und ihre Beziehungen. Intime Beziehungen fühlen sich für Adoptierte oft nicht sicher an. Schließlich hat die Person sie „im Stich gelassen", die am vertrauenswürdigsten hätte sein sollen. (Das ist nicht, was passiert ist, aber so fühlt es sich für den Adoptierten an.)

---

[15] Betty Jean Lifton, *Journey of the Adopted Self*

Nicht die Wahrheit über das eigene Leben zu wissen, bringt einen in einen *Schwebezustand* zwischen Realität und Fantasie. Der Adoptierte steckt dazwischen fest und kann die Situation oder den Schmerz darüber nicht einmal bewusst wahrnehmen. Neben dem inneren Schmerz beeinflusst das in der *Schwebe* sein das Leben des Adoptierten auf unzählige Weisen.

Beziehungen sind für Adoptierte in der Regel sehr beschwerlich und die Beziehungsschwierigkeiten, die Adoptierte haben, zeigen sich auf viele Arten:

Adoptierte leben oftmals emotional in dem, was Betty Jean Lifton und Bob Andersen[16] das „Schattenreich" nennen. Das Schattenreich ist die Welt, von der sie das Gefühl haben sie hätten darin gelebt, wenn sie nicht adoptiert worden wären und in der sie heimliche, liebevolle Beziehungen mit denjenigen haben, die ihrer Fantasie ihrer idealisierten leiblichen Mutter entsprechen. Es spielt keine Rolle, welches Geschlecht der Adoptierte oder ihr Partner hat. Sobald sie zueinander eine enge Verbindung als potentielle Partner haben, kann die Beziehung das Reich des „leiblichen-Mutter-Fantasielandes" betreten. Das Schattenreich ist letzten Endes ein deutlich sicherer Ort, um eine Beziehung zu haben, als die reale Welt.

Adoptierte wählen zurückweisende Personen (Wiederholungszwang) in einem Versuch den Verlust der leiblichen Mutter aufzulösen. (Dieses Mal wird der Partner, der unabhängig vom Geschlecht die Repräsentation der Mutter ist, seinen Fehler erkennen und sie nicht zurückweisen.) Leider muss der Partner, um eine Repräsentation der leiblichen Mutter zu sein, ein Zurückweisender oder auf irgendeine Art unerreichbar sein.

---

[16] Robert Andersen & Rhonda Tucker, *The Bridge Less Traveled*

Adoptierte treiben andere dazu an sie zu verlassen, in dem Wissen, dass es schließlich sowieso passieren wird oder in dem Glauben, dass sie es verdient haben. Sie werden in einer schlechten oder schädlichen Beziehung bleiben, weil sie Trennungen nicht ertragen können oder glauben, dass sie eine schlechte Beziehung verdient haben.

Aus Angst davor verlasen zu werden, genauso wie sie von ihrer leiblichen Mutter verlassen wurden, sind Adoptierte oft sehr eifersüchtig auf die außerpartnerschaftlichen Beziehungen ihres Partners. Wenn die leibliche Mutter sie verlassen hat, warum sollte nicht jeder andere sie ebenfalls verlassen.

> „Ich glaube nicht, dass wir die Liebe unserer Mutter nicht wollten. Ich glaube, dass wir sie von Anfang an verzweifelt wollten und niemals aufhören werden, aber jeder Tag, jede Minute, jede Sekunde, die vergeht, macht es immer schmerzhafter die Liebe zu akzeptieren. Es tut einfach zu verdammt weh zu bekommen, was man immer wollte und es zu „sehen". Wirklich zu verstehen, was wir verloren haben, erscheint als würde es uns umbringen und daher lehnen wir es kurzerhand ab." Männlicher Adoptierter, 48 Jahre

Desto näher und intimer die Beziehung ist, desto größer ist das Risiko für den Adoptierten, wenn die Beziehung endet. Der Adoptierte kann das Risiko vielfach überhaupt nicht ertragen und wird alles tun, um die Intimität zu beenden.

Adoptierte beider Geschlechter wählen oft idealisierte Mütter als Partner aus, auch wenn der Partner männlich ist. Es scheint, dass jedes Liebesinteresse zu diesem Zeitpunkt des Lebens des Adoptierten eine Repräsentation der Mutter im ureigensten Sinne ist. Diese Beziehungen sind emotional sehr gefährlich, da der Adoptierte jeden Moment wieder von seiner Mama verlassen werden kann. Der Partner kann niemals den Ansprüchen des Adoptierten genügen, es sei denn, er geht, denn das ist, was der Adoptierte erwartet.

Adoptierte fühlen und verhalten sich in Beziehungen oft wie Kinder – sowohl beruflich als auch in Ehen. Adoptierte sind es unbewusst gewöhnt, wie ein Kind behandelt zu werden und erzeugen Situationen, in denen sie so behandelt werden. Selbst das Gesetz erlaubt in den meisten Staaten der USA nichts anderes, als von der adoptierten Person als einem Kind zu sprechen.[17]

Wie bereits zuvor ausgeführt wurde, könnten Adoptierte zahlreiche Schwierigkeiten damit haben ihre eigenen Kinder zu erziehen. Kinder zu haben, ist oft beunruhigend, da es die Adoptierten an ihren eigenen Ursprung und die fehlenden Informationen über ihre eigene Zeugung erinnert.

Für männliche Adoptierte: wenn seine Frau Mutter wird, will er sie als seine Mutter und ist oft eifersüchtig auf die Zeit, die mit dem Neugeborenen verbracht wird. Seine Frau wird die Mutter, die ihn verlassen hat und sie gibt ihrem Baby, was er nicht bekommen hat (mütterliche Zuwendung von seiner leiblichen Mutter).

Für weibliche Adoptierte: sie identifiziert sich sowohl mit ihrer eigenen Mutter als auch ihrem Säugling. Eine weibliche Adoptierte ist oft eifersüchtig auf ihr eigenes Baby, weil sie ihm gibt, was sie selbst nicht bekommen hat (mütterliche Zuwendung von seiner leiblichen Mutter). Sie ist oftmals überfürsorglich, unsicher über ihre Rolle als Mutter aufgrund der mütterlichen Zuwendung, die sie bekommen und nicht bekommen hat. Weibliche Adoptierte wollen oft ein Kind adoptieren, in dem Glauben sie geben etwas davon zurück „gerettet" worden zu sein.

Zu diesem Zeitpunkt des Lebens des Adoptierten gibt es vielfach eine generelle Unsicherheit über sich selbst und die Welt. Sie können der Welt und anderen nicht vertrauen. Warum sollten sie? Die Welt begann unsicher und niemand

---

17 AdÜ: Auch in Deutschland ist der regulär verwendete Begriff der des Adoptivkindes, wohingegen „Erwachsener Adoptierter" im Sprachgebrauch nicht üblich ist.

hat das behoben. Wenn sie ihrer eigenen Mutter nicht vertrauen konnten sie zu behalten, warum sollten sie irgendjemand anderem vertrauen. Hinzu kommt, dass dadurch, dass Adoptierte so oft den falschen Partner wählen, die erneute „Ablehnung" bestätigt, dass die Welt unsicher ist und niemandem vertraut werden kann.

Adoptierte haben durchgängig Schwierigkeiten sich festzulegen, was sie aus ihrem Leben machen sollen. Wenn ihre Grundempfindungen vor ihnen verborgen sind, wie sollen sie dann wohl wissen, was sie aus ihrem Leben machen sollen? Adoptierte müssen mit all ihren Gefühlen in Kontakt kommen, um in der Lage zu sein herauszufinden, was sie machen möchten.

Schließlich gibt es einen anhaltenden Versuch der Adoptierten die Anerkennung ihrer Adoptionsproblematik zu bekämpfen, dennoch gibt es konstante Trigger bzw. Auslöser im Leben, die an den Ursprung des Lebens des Adoptierten erinnern: Hochzeit, Schwangerschaft und Geburt, Tod eines Elternteils, Werbung für Babynahrung, ein Baby in einem Kinderwagen, das Ende einer Beziehung etc. All diese Ereignisse triggern das ursprüngliche „Verlassenwerden" während die Adoptierten sich den Ängsten vor ihren Gefühlen nähern. Sie rennen umher wie ein Clown, mit all den Stäben und den sich drehenden Tellern in der Luft obendrauf, als ein Versuch alles unter Kontrolle zu behalten und nicht den Schrecken ihres Ursprungs zu spüren.

Im Allgemeinen müssen wir, als menschliche Wesen, begreifen, dass wir (wenn wir bereit sind) unserem Schmerz und unseren Ängsten begegnen müssen. Sie sind beide Wegweiser für unseren Heilungsprozess. Wir müssen unsere Angst respektieren. Denke an die Angst, die du gerade verspürst und denke daran, dass du dieselbe Angst als Kind hattest und damals alleine damit zurechtkommen musstest. Du hast das damals **ohne** Unterstützung überlebt, also wirst du jetzt in der Lage sein, es **mit** Unterstützung zu überstehen.

Bitte vergiss das niemals!

Alle oben ausgeführten Schwierigkeiten sind veränderbar. Adoptierte können lernen gute Partner auszuwählen und in der Lage sein, gute Beziehungen zu führen, gute Eltern sein und sich in der Welt zurechtfinden. Es ist unfair, dass es einer Menge Arbeit und Engagement bedarf, aber die Belohnungen sind phänomenal und die Alternative.... na ja, du weißt, wie sie ausschaut.

Zusammenfassung

- Adoptierte haben oftmals große Schwierigkeiten einen Partner zu finden.
- Adoptierte haben oftmals große Schwierigkeiten einen passenden Beruf zu finden.
- Adoptierte verbringen viel Zeit mit der Verleugnung ihres Ursprungs.
- All diese Schwierigkeiten können angegangen werden und dementsprechend weniger beschwerlich sein.

Übung

- Schließe deine Augen und versuche dir vorzustellen, wie es wäre mit deiner leiblichen Mutter zu sprechen. Was würdest du sie fragen wollen? Was würdest du dir wünschen, was sie sagt und macht? Wie sind deine Gefühle über sie? Bist du froh, dass sie dich freigegeben hat? Wenn nicht, was fühlst du *wirklich* darüber, was dir passiert ist? Was sind deine Gefühle ihr gegenüber? Wut? Liebe? Abneigung? Sind deine Gefühle alle zusammengebündelt, ineinander verschlungen? Vielleicht ist dir danach deine verschiedenen Gefühle gegenüber deiner Mutter und was dir passiert ist in deinem Tagebuch aufzuschreiben. Du kannst dies häufiger machen und wirst feststellen, dass sich die Gefühle im Laufe der Zeit verändern. Den einen Tag Wut, den anderen Traurigkeit, am folgenden Zärtlichkeit und dann wieder Wut etc. Das alles ist normal. Deine Gefühle über das, was passiert ist, gehören zu den verwirrendsten aller möglichen Gefühle. Ihnen nachzuspüren und zu versuchen sie zu differenzieren, wird dir schließlich auf viele Weisen in deinem Leben helfen.

Erfahrung des Augenblicks

- Es kann sein, dass du gerade ein ziemliches Durcheinander verspürst. Oder sogar tiefe Angst. Wenn das der Fall ist, atme tief durch und sage dir laut im Kopf: RELAX, entspanne dich. Unabhängig davon, was du gerade fühlst, versuche es aufzuschreiben und mit den Gefühlen aus der vorherigen Übung und vielleicht dem Kapitel, was du gerade beendet hast, zu verbinden. Es wäre verständlich, wenn das, was du gerade gelesen hast, dich aufgewühlt hat. Es wäre auch verständlich, wenn du nicht in der Lage bist eine Verbindung zwischen dem Gelesenen und deinen Gefühlen herzustellen. Unsere Gefühle kommen nicht aus dem Nichts. Ebenso wenig kommen das Adoptierte! Bitte denke daran, dass deine Gefühle dich nicht umbringen werden. Es sind nur Gefühle. Angst einflößend, ja. Schmerzhaft, ja. Dennoch werden sie dich nicht umbringen... selbst wenn es sich so anfühlt. Wenn du dich immer noch zittrig fühlst, schau dich um, versichere dich, dass gerade nichts passiert und sage dir dann laut in deinem Kopf, „Es passiert gerade nichts. Ich weiß es fühlt sich so an, aber wir sind okay." Wiederhole das einige Male bis es dir besser geht. Und stelle schließlich fest, dass du wirklich in Ordnung bist.

Teil Zwei:

Die Suche nach dem Selbst

Die Probleme, Fragestellungen und Techniken für einen effektiven Heilungsprozess für Adoptierte

Dem Großteil der Psychotherapeuten fehlen die Kenntnisse sich mit den spezifischen

> „Wenn du um die Ecke gehst und in dich selbst läufst, dann weißt du, dass du um alle Ecken gegangen bist." –
> *The Final Curve* – Langston Hughes

Problemen von Adoptierten zu befassen. Da es für Adoptierte nahe liegt zu sagen, dass Adoption kein Thema für sie sei oder sie oftmals nicht einmal erwähnen, dass sie adoptiert sind, ist es leicht für Therapeuten die adoptionsbezogene Dynamik zu übersehen. Vor allem aber stellen die Lebenserfahrungen eines Adoptierten vieles von dem, was Therapeuten beruflich gelernt haben direkt in Frage und es greift auch andere tief verwurzelte, oft unbewusst gehaltene Annahmen an. Da die existenzielle Erfahrung eines Adoptierten sich vollständig von der eines Nicht-Adoptierten unterscheidet, haben Therapeuten (es sei denn sie sind adoptiert) wenig eigene Erfahrung auf die sie bauen können, um sich mit adoptierten Klienten zu identifizieren. Schließlich kann der Therapeut, wenn er ein Adoptivelternteil ist, unbewusst mit einem Interesse ausgestattet sein, den schädlichen Einfluss der Freigabe/Adoption auf die psychosoziale Entwicklung eines Kindes nicht anzuerkennen.

Teil Zwei diskutiert die Probleme, Themen und Techniken, um eine effektive Psychotherapie für Adoptierte bereit zu stellen. Ein besonderer Schwerpunkt liegt in den Unterschieden bei der Behandlung Adoptierter, den Fallen, in die Therapeuten wahrscheinlich hineingeraten und speziellen Techniken, die hilfreich bei der Arbeit mit Adoptierten sind.

Auch wenn sich dieser Teil auf die professionelle Behandlung von Adoptierten konzentriert, gibt es eine ganze Menge Informationen, die hilfreich für leibliche Mütter, Adoptiveltern und Adoptierte selbst sind. Da die Probleme der meisten Adoptierten nicht offensichtlich genug sind, um ihre Eltern dazu zu motivieren therapeutische Hilfe für die Säuglinge oder Kinder in Anspruch zu nehmen, begeben sich Adoptierte in der Regel nicht vor der Pubertät oder dem Erwachsenenalter in Therapie.

Daher sind die „Therapeuten" der meisten Adoptierten in ihrer Kindheit ihre Adoptiveltern. Es gibt einiges, was liebevolle und informierte Adoptiveltern tun können, um bei der Heilung der durch die Trennung entstandenen Wunden zu helfen und die Fraktur des Selbstempfindens ihres Kindes zu vermeiden. Im umgekehrten Fall werden jegliche nicht aufgelösten Probleme, die sie bezüglich der Adoption haben, garantiert die Entwicklung des Kindes benachteiligen. Kapitel Neun behandelt die Notwendigkeit der schwangeren Frau und Adoptiveltern diese Themen *vor* der Freigabe und folgenden Adoption anzugehen - nicht nur zum Wohle ihres Kindes, sondern auch zu ihrem eigenen.

Kapitel 10-13 richten sich gleichermaßen an Adoptiveltern als auch an Therapeuten. Diese Kapitel beinhalten praktische Vorschläge, die Adoptiveltern nutzen können, um die

Schwierigkeiten ihres Kindes im Säuglings- und Kindesalter zu erkennen und zu bewältigen.

Da Jugendliche in der Lage sind eine aktive Rolle in ihrem Heilungsprozess einzunehmen, richtet sich Kapitel 14 sowohl an jugendliche Adoptierte als auch ihre Adoptiveltern.

Schließlich präsentiert Kapitel 15 einen Weg wie Adoptierte beginnen können die Kontrolle über ihre Adoptionserfahrung zu übernehmen und den psychologischen Schaden, den sie wahrscheinlich erlitten haben, zu „reparieren". Besondere Aufmerksamkeit gilt dem Umgang mit der emotionalen Aufruhr bei der Suche und Wiedervereinigung mit leiblichen Müttern. Teile von Kapitel 15 richten sich an jene, die Beratung und Psychotherapie für Jugendliche und erwachsene Adoptierte anbieten. Ein Großteil der Informationen wird jedoch ebenso für Adoptierte und ihre Lebenspartner sowie Adoptiveltern und leibliche Eltern nützlich sein.

Kapitel 9:

Die Wahrheit schmerzt

Leibliche Eltern und Adoptiveltern erleben üblicherweise einen enormen emotionalen Schmerz zum Zeitpunkt der Adoption. Anstatt von der Umgebung darin unterstützt zu werden ihre emotionalen Konflikte zu bearbeiten, wird beiden Elternpaaren in der Regel der Eindruck vermittelt, dass der Schmerz weggehen wird, sobald die Adoption vollendet ist. Adoption wird zu einer endgültigen Lösung für ein vorübergehendes Problem.

Wir müssen die Realitäten einer Adoption für leibliche Eltern und Adoptiveltern betrachten, insbesondere den Bedarf aller nach Hilfe bei der Bewältigung des emotionalen Traumas, das sie zu diesem Punkt gebracht hat. Es ist eindeutig am Besten, wenn Eltern mit diesen Themen *vor* der Freigabe/Adoption eines Kindes konfrontiert werden. Wenn das jedoch nicht geschehen kann, müssen diese Themen so bald wie möglich behandelt werden, wenn die leibliche Mutter und die Adoptiveltern in der Lage sein sollen eine intensive Beziehung zum Adoptivkind herzustellen.

Adoptiveltern müssen verstehen, dass Adoption weder eine Heilung für Unfruchtbarkeit ist noch ein Weg den Kummer und den Verlust des Selbstwertgefühls, der mit dem Unvermögen sich fortzupflanzen einhergeht, auszulöschen. Damit Adoptivfamilien gut funktionieren, müssen die zukünftigen Eltern den Verlust ihrer Fruchtbarkeit vollständig verstehen und betrauern. Darüber hinaus müssen sie erkennen, dass ein Adoptivkind aufzuziehen nicht das gleiche ist wie ein leibliches

Kind aufzuziehen und dass eine Adoptivfamilie nicht das gleiche ist wie eine leibliche Familie.

Auch wenn eine Adoptivfamilie nicht wie eine leibliche Familie sein kann und wird, heißt es *nicht*, dass die Familie nicht gut funktionieren kann oder keine liebevolle Familie sein kann. Doch damit das passieren kann, müssen Adoptiveltern vorbereitet sein, die Adoptivfamilie als solche zu akzeptieren und nicht als originalgetreue Kopie dessen, was sie nicht haben konnten.

Gleichzeitig muss die verängstigte, schwangere Mutter wissen, dass die Freigabe ihres Kindes zur Adoption lebenslange Auswirkungen auf sie und ihr Baby haben wird. Sie muss verstehen, was einige dieser Auswirkungen sein können, um eine informierte Entscheidung über die Freigabe zu treffen und um auf konstruktive Weise mit adoptionsbezogenen Themen, die im weiteren Leben aufkommen können, umzugehen, wenn sie diese Option wählt.

Mythen:
- Ein Baby zu adoptieren wird den Schmerz der Unfruchtbarkeit beseitigen.
- Adoptivfamilien sind genauso wie jede andere Familie und Adoptivkinder zu erziehen ist genau das gleiche.
- Frauen, die Kinder zur Adoption verloren haben, vergessen dies schnell und setzen ihr Leben fort.
- Ein Adoptivkind erlebt den Verlust seiner leiblichen Familie nicht.

Fakten:
- Adoption beseitigt den Schmerz der Unfruchtbarkeit nicht.
- Adoptivfamilien sind tatsächlich anders und die Erziehung eines Adoptivkindes ist ebenfalls anders.

- Frauen, die Babys zur Adoption verloren haben, vergessen *niemals* und ihr Verlust ist unlösbar.
- Babys *erleben* wirklich den Verlust ihrer Mütter, auch wenn die Trennung bei der Geburt beginnt.

Hoffentlich werden sich beide, die schwangere Frau und die Adoptiveltern, mit diesen Themen vor der Freigabe/Adoption auseinandersetzen. Wenn sie es nicht tun, müssen diese Probleme irgendwann thematisiert werden, dem Adoptierten und aller Eltern zuliebe.

Die Unfähigkeit ein Kind durch eine Geburt in die Familie zu bringen, ist in der Tat sehr schmerzhaft. Der Verlust dieser Fähigkeit kann dazu führen, dass das Paar glaubt, sie seien Versager. Das Elternteil, das nicht in der Lage ist sich fortzupflanzen, kann sich unvollständig fühlen. Dies sind tiefe, narzisstische Wunden, die angesprochen werden müssen.

> „Ich, als eine Adoptierte, glaube, dass unsere Mütter nicht das Objekt unseres Unbehagens sind. Stattdessen sind die Objekte unseres Unbehagens der Respekt, den wir nie bekommen haben und die Trauer und der Schmerz über den Verlust unserer Mutter. Unser Unbehagen liegt darin sich mit der Realität unserer Verluste zu konfrontieren, die Wahrheiten, die wir beim Aufwachsen nicht hatten, in dem Glauben wir seien nicht liebenswert, weil wir nicht behalten wurden. Selbst wenn die schreckliche Trennung geschieht, wenn wir den Respekt der Wahrheit bekommen, eine Wiedervereinigung mit etwa 7 oder 8 Jahren, Fotos, Geschichten und das Geschenk in der Lage zu sein unsere eigenen Gefühle zu fühlen, würden wir unsere Mütter nicht wegstoßen." Weibliche Adoptierte, 57 Jahre

Der Verlust der Fruchtbarkeit muss betrauert werden, das genetische Kind, das es gegeben hätte, muss betrauert werden und die Beziehung zu diesem Kind muss ebenfalls betrauert werden.

Wenn diese Wunden nicht behandelt werden und die Trauer nicht beachtet wird, wird die Fähigkeit ein Adoptivkind zu erziehen massiv beeinträchtigt. Das Adoptivkind wird eine konstante Erinnerung des Kindes, das hätte sein können und es kann sogar eine unbewusste Ablehnung des Kindes dafür geben nicht das leibliche Kind zu sein.

Darüber hinaus kann das Kind unbewusst als ein Versager gesehen werden, weil es den Eltern den Schmerz nicht nehmen kann, nicht wie sie aussieht, sich nicht wie sie verhält und nicht wie sie ist. Es ist außerordentlich wichtig, diese Themen zu erkennen und zu beachten. Alleine gelassen oder ignoriert, werden sich die Familiendynamiken wahrscheinlich verschlimmern, ein Aufruhr der Gefühle wird sich ausbreiten und die Beziehungen werden schließlich darunter leiden.

Es gibt keinen Ersatz für eine gute Trauerberatung für die Adoptiveltern. Wir würden nicht im Traum daran denken jemanden, dessen Elternteil gestorben ist, zu sagen er solle nicht über den Verlust trauern. Der Verlust des Kindes, das hätte sein können, ist nicht weniger schmerzhaft als der Tod eines Elternteils. Anders ja, aber genauso schmerzhaft und die Achtung der Trauer über seine Verluste steht an erster Stelle. Hinzu kommt, wenn die Adoptiveltern nicht den Schmerz ihrer Verluste bewältigen können, wie können sie wohl mit dem Schmerz ihres Adoptivkindes über den Verlust seiner leiblichen Familie umgehen.

Die schwangere Mutter muss verstehen, dass die Freigabe ihres Kindes zur Adoption nur eine von mehreren Möglichkeiten ist. Die Entscheidung ihr Kind zur Adoption freizugeben ist in den meisten Fällen unwiderruflich. In den meisten Staaten von Amerika ist eine offene Adoption, die eine humanere Wahl für alle Beteiligten wäre, nicht rechtlich bindend und wird oft von den Adoptionsagenturen oder Anwälten als „Vertriebswerkzeug" genutzt.

Die Erfahrung ein Kind durch Adoption zu verlieren, ist nicht anders als die Erfahrung ein Kind durch einen Todesfall zu verlieren, außer dass es keine Fotos gibt, man nicht weiß, ob das Kind lebt, glücklich oder gesund ist etc. Das Kind verschwindet für immer, wie jemand der in den Krieg gegangen und „im Kampf vermisst" wird. Das Kind wird immer durch Adoption vermisst sein. Tatsache ist, dass die Kinder auf ähnliche Weise den Tod ihrer Mütter erleben, wenn sie zur Adoption freigeben werden.

Es kann sein, dass du Adoptierten begegnest, die sagen, dass die Freigabe zur Adoption sie überhaupt nicht beeinflusst hat. Die adoptierte Person sagt vielleicht sogar, dass sie froh ist, abgegeben worden zu sein. Dies ist höchstwahrscheinlich eine Verleugnung der höchsten Stufe. Es kann auch sein, dass du leiblichen Müttern begegnest, die sagen sie wurden nicht davon beeinflusst ihr Kind abgegeben zu haben. Dies ist auch höchstwahrscheinlich eine hochgradige Verleugnung. Es scheint unwahrscheinlich, dass der reale Verlust einer Mutter oder eines Babys *keine* Spuren bei den Betroffenen hinterlässt und es muss alles unternommen werden, um das Baby innerhalb der mütterlichen Familie zu belassen.

Unsere Gesellschaft sieht Adoption als ein Allheilmittel. „Win-Win", eine Situation, bei der alle Seiten gewinnen. Tatsächlich beginnt jede Adoption jedoch mit enormen Verlusten für alle Beteiligten. Die leibliche Mutter verliert ihr Baby, das Baby verliert seine Mutter und die Adoptiveltern haben ihr genetisches Kind verloren. Alle die eine Adoption in Erwägung ziehen, müssen diesen Verlusten im Voraus Beachtung schenken und nicht so tun, als ob alle Beteiligten glücklich sein werden.

Wenn die Mutter das Baby wirklich nicht innerhalb ihrer Familie behalten kann und wenn alle Beteiligten sich mit den Realitäten einer Adoption auseinandersetzen, sollen die Mütter die Möglichkeit haben, Unterstützung und Trost zu bekommen, um ihnen zu helfen mit ihren Verlusten auf eine gesunde Art umzugehen und eine offene Adoption zu ermöglichen. Den Kopf in den Sand zu stecken, heißt wir werden von hinten getreten und sehen es nicht kommen.

Zusammenfassung

- Alle an einer Adoption beteiligten Personen haben große Verluste erlitten.
- Es ist gesünder, sich mit der Wahrheit auseinanderzusetzen.
- Adoptiveltern müssen ihre Verluste betrauern, bevor sie adoptieren.
- Schwangere Frauen müssen die Wahrheit über die Folgen einer Adoptionsfreigabe, sowohl für sich selbst als auch ihr Kind, erfahren, bevor sie ihr Kind freigeben.

Übung

- Wenn du ein Adoptivelternteil bist, schreibe alle deine Gefühle darüber auf, nur durch Adoption in der Lage zu sein, ein Kind zu bekommen und eine Familie zu gründen.
- Wenn du eine schwangere Frau bist, schreibe alle deine Gefühle für das ungeborene Kind, das du austrägst, auf.
- Wenn du keines der oben genannten bist, versuche dich in sie hineinzuversetzen und schreibe auf, was du vielleicht fühlen könntest, wenn du in ihrer Situation wärst.

- Es kann sein, dass du dich verwirrt, ängstlich oder trau- rig fühlst oder alle diese Emotionen auf einmal. Jeder würde sich so fühlen. Alle Menschen müssen in der Lage sein sich über traurige Dinge traurig zu fühlen. Als Menschen müssen wir unsere Verluste betrauern und sie beweinen können, da dies der einzige Weg zu trauern ist. Es ist in der Tat schmerzhaft zu weinen. Weinen lässt jedoch den Schmerz heraus. Den Schmerz und die Traurigkeit innen zu behalten ist schädlich. Es heraus zu lassen, ist wirklich heilsam.

Kapitel 10:

Notfallplan:
Behandlung der Ur-Wunde

Der neugeborene Säugling, der zur Adoption freigeben wurde, hat gerade den Verlust all seiner Lieblingssachen erlebt. (Jetzt wäre ein guter Zeitpunkt Anhang E: Verluste bei der Adoptionsübergabe zu lesen.) Das Baby hat die Stimme seiner Mutter, ihre Körpergeräusche und Rhythmen sowie ihren Geruch und ihre Berührung verloren. Es hat die Möglichkeit verloren in ihre Augen zu blicken und an ihrer Haut zu liegen.

Das neugeborene Kind hat die wertvollste und unantastbarste Beziehung der Welt verloren und weiß es. Infolgedessen kann es reagieren, indem es seine neue Mutter wegstößt, es kann in ihren Armen unruhig sein und es kann sich versteifen, wenn es gehalten wird. Dies ist kein ungewöhnliches Verhalten und hat wahrscheinlich nichts damit zu tun, dass die neue Mutter etwas falsch macht. Es ist wahrscheinlich, weil sich das Baby in einer fremden Umgebung befindet.

Die neuen Eltern müssen erkennen, dass das Neugeborene gerade einen der schlimmsten Verluste der Welt erlebt hat und trauern muss. Es ist keine Zeit der Freude für das Neugeborene, eher eine Zeit enormer Traurigkeit.

Mythen:

- Babys können eine Mutter nicht von einer anderen Mutter unterscheiden.
- Babys leiden nicht unter dem Verlust ihrer leiblichen Mutter.
- Babys sind Babys und können alle gleich behandelt werden.

Fakten:

- Babys sind sich über den Verlust ihrer leiblichen Mütter bewusst.
- Babys leiden unter dem Verlust ihrer leiblichen Mütter.
- Babys brauchen besondere Aufmerksamkeit und Rücksicht, wenn sie ihre Mutter verloren haben.

Als eine Adoptivmutter wirst du für dein Neugeborenes nicht „richtig riechen". Du wirst dich nicht richtig anhören oder gar richtig ausschauen, jedoch darfst du die Reaktion deines Kindes nicht persönlich nehmen. Es ist wichtig, auf seine Ablehnung nicht mit Ablehnung oder Rückzug zu reagieren. Baue langsam Umarmungen auf, lass sich das Baby an deinen Geruch, deine Bewegungen etc. gewöhnen. Sprich langsam und sanft mit deinem Baby und denke daran, dass es unter starken Schmerzen leidet und sich sicher und geborgen fühlen muss. Es braucht sanfte, beruhigende Geräusche, Bewegungen und Berührungen. Gib ihm Zeit. Wenn es sich wegdrückt, ist es nur eine Reaktion auf den Verlust seiner leiblichen Mutter.

Es kann sein, dass dein Baby viel weint. In diesem Fall beruhige es so viel wie nötig, damit es

> „Das Kind [...] wächst, soweit irgendwie möglich, in der Obhut und unter der Verantwortung seiner Eltern [...] auf; ein Kleinkind darf – außer in außergewöhnlichen Umständen – nicht von seiner Mutter getrennt werden. [...]" Artikel 6 der Kinderrechtskonvention – Vereinte Nationen/UNICEF

sich sicher fühlt. Es kann sein, dass dein Baby vergleichsweise ruhig ist. Egal welches *Gesicht* dein Baby dir präsentiert, denke daran, dass es gerade einen schlimmen Verlust erlitten hat. Erwachsene, die einen Verlust erleiden, können oberflächlich auf verschiedene Arten reagieren, aber das ändert nichts an der zugrundeliegenden Traurigkeit, die einen Verlust begleitet.

Du solltest annehmen, dass dein Baby gestresst ist und ihm eine Menge zärtliche, liebevolle Zuwendung geben, unabhängig davon, ob es offensichtlich benötigt wird. Dein Baby weiß, dass etwas nicht stimmt, jedoch hat es keinen Weg dies verbal auszudrücken. Dein Baby erlebt den Verlust seiner Lieblingssachen und es kann eine Weile dauern, bis es sich sicher fühlt. Sei geduldig mit ihm, immer verständnisvoll, immer ruhig und immer beruhigend.

Zusammenfassung

- Dein Baby hat das Wichtigste in der Welt verloren, als es seine leibliche Mutter verloren hat.
- Dein Baby braucht die gesamte zärtliche, liebevolle Zuwendung, die du ihm geben kannst.
- Dein Baby wird viel Zeit, Bestätigung und beruhigendes Zureden benötigen, bevor es so zugänglich ist, wie du es gerne hättest.
- Dein Baby hat Schmerzen und kann sie dir nicht erklären. Du musst das verstehen und seinen Schmerz berücksichtigen.

Übung

- Versuche dir vorzustellen, wie es wäre, wenn du eine Naturkatastrophe, wie beispielsweise einen Tornado oder einen Hurrikan, erleben und überleben würdest, aber alle deine Familienmitglieder dabei sterben würden und deine ganzen Habseligkeiten, außer den Kleidern, die du gerade getragen hast, zerstört wären. Wie wäre das? Wie würdest du das bewältigen? Was würdest du machen? Dein Baby hat gerade die Katastrophe eines Traumas der höchsten Stufe überlebt und hat nur noch seine neue Mutter. Alles andere, das es wertschätzte oder kannte, ist verloren. Schreibe deine Antworten zu den oben genannten Fragen auf und behalte das Baby während des Schreibens in Erinnerung.

Erfahrung des Augenblicks

- Es kann sein, dass du dich jetzt sehr ängstlich, wütend oder vielleicht sehr entmutigt fühlst. Verstehe bitte, dass die Intention dieses Buches ist aufzuklären, nicht zu entmutigen. Die Absicht dieses Schreibens ist es allen an einer Adoption Beteiligten zu helfen, besser zu verstehen, was dem Säugling passiert ist. Der Säugling sollte nämlich der Star dieses Events sein. Es sollte alles in seinem „besten Interesse" geschehen. Ja, es wird viel Schmerz geben, aber wenn du beachtest, was auf diesen Seiten steht, wird der Säugling besser versorgt sein, seine Bedürfnisse besser erfüllt sein und schließlich wird er glücklicher sein. Es geht um den Säugling. Adoption ist kein Allheilmittel für alle Beteiligten und heilt gewiss keine Unfruchtbarkeit oder den Verlust seiner Mutter und seines Kindes. Das heißt nicht, dass es in den Fällen, wo es keine andere Wahl gibt, dem Baby nicht gut gehen kann. Allerdings müssen die Erwachsenen erst aufgeklärt werden, damit es dem Säugling so gut wie möglich gehen kann.

Kapitel 11:

Wirklich über Adoption sprechen

Auch wenn Kindern zu sagen, dass sie adoptiert sind, bestätigt, was sie bereits wissen, wird die Art und Weise wie Eltern diese Information vermitteln die Antwort des Kindes auf das bewusste Wissen der Adoption stark beeinflussen.

Die Wichtigkeit der Wahrheit, Ehrlichkeit und Offenheit im Gespräch mit dem Kind ist von allerhöchster Bedeutung. Im Gegensatz zu den üblicherweise gegebenen Ratschlägen für Adoptiveltern, sollten sie es vermeiden dem Kind zu sagen, dass es besonders oder auserwählt ist, da dies grundsätzlich Lügen sind, die alle Betroffenen verfolgen werden. Eltern sollten ebenso nicht annehmen, dass sie sich, indem sie dem Kind sagen, dass es adoptiert ist, mit dem Thema Adoption auseinandergesetzt haben und es „abschließen können". Kindern die Adoption mitzuteilen und die Bereitschaft das Thema offen zu besprechen, sollte ein andauernder Prozess während der kindlichen Entwicklung sein.

Zeichen von Traurigkeit, Aggression oder Feindseligkeit sind Hinweise, welche die Eltern aufmerksam machen sollten. Das Kind wird Hilfe benötigen, diese Gefühle zu bewältigen.

===

Mythen:

- Wenn man einem Kind sagt, dass es besonders oder auserwählt ist, wird es sich mit sich selbst wohlfühlen.

- Man sollte einem Kind nicht sagen, dass es adoptiert ist.
- Wenn du deinem Kind sagst, dass seine Eltern bei einem Autounfall gestorben sind, wird es nicht an sie denken.

Fakten:

- Einem Kind zu sagen, dass es besonders, auserwählt oder vom Glück begünstigt ist, wird nichts an der Wahrheit ändern und wird dazu führen, dass sich das Kind schlechter fühlt.
- Adoptierte Kinder werden immer herausfinden, dass sie adoptiert sind.
- Einem Kind zu sagen, dass seine Eltern tot sind, wird es nicht daran hindern an sie zu denken und ungeheuren zusätzlichen Schmerz und Schuldgefühle beim Kind verursachen.

Die Wichtigkeit der Wahrheit, Ehrlichkeit und Offenheit ist vorrangig. Kindern zu sagen, dass sie adoptiert sind, bestätigt, was sie bereits wissen, da sie dabei waren, als sie ihre leibliche Mutter verloren haben. Kindern sollte es

> „Schuld ist eine Hand vor den Augen, ein Messer im Herz. Es kann keinen Frieden, keine Freude, keine Ektase, keinen Stolz im Zustandekommen geben. Mit Schuldgefühlen kann es nur ein Pseudoleben geben, bei dem man so tut als ob man ein Erwachsener sei und im Geist den Schrecken trägt, den sich ein Kind ausmalt." John D. MacDonald

erlaubt sein alles durchzuleben, was sie fühlen. Das Kind mag eine Zeit über seinen Verlust weinen, über den Verlust der leiblichen Mutter traurig sein und vielleicht sogar sagen: „Ich vermisse meine andere Mama". Es sollte all seinen Schmerz, die Wut und Traurigkeit über das, was ihm geschehen ist, ausdrücken dürfen.

Adoptivkinder wollen nicht hören, dass sie besonders oder auserwählt sind oder Glück gehabt haben. Sind es nur besondere oder auserwählte Kinder, die ihre leiblichen Mütter verlieren? Wie Betty Jean Lifton in ihrem Buch *Adoption*[18] schreibt „Wenn ich so besonders bin, warum war ich dann verfügbar, um ausgewählt zu werden?" Und wenn ich Glück gehabt habe, heißt das ich bin glücklich, dass ich nicht bei meiner leiblichen Mutter bin? Was sagt das über sie oder über mich aus? Dies ist verwirrend und schmerzhaft für das Kind. Jeder Erwachsene würde Schwierigkeiten mit der Logik dessen haben und dennoch erwarten wir, dass besonders oder auserwählt zu sein es für das Kind „in Ordnung bringt". Darüber hinaus wird jedes Mal, wenn dem Kind gesagt wird, dass es besonders oder auserwählt ist, hervorgehoben, dass es adoptiert ist. Es ist wie ein Schlag ins Gesicht immer wieder zu sagen, dass du adoptiert und deshalb besonders bist. Was das Auserwähltsein betrifft, glauben zudem viele Adoptierte (haben eine Vorstellung vor Augen), dass sie in einer Art Baby Supermarkt aus Hunderten von Babys ausgewählt wurden. Wahrlich keine angenehme Vorstellung.

Nichts in der Welt, keine Geschichte, *nichts* kann den Verlust der Mutter eines Kindes in Ordnung bringen. Das Beste, was wir tun können, ist zu erklären, dass es nicht die Schuld des Kindes war. Es geschah nicht wegen ihm und das Kind ist absolut liebenswert. Anschließend sollte es ermutigt werden über seine Gefühle zu sprechen und Fragen zu stellen.

Es gibt Personen, die empfehlen Kindern sollte nicht gesagt werden, dass sie adoptiert sind. Dies kann nicht in Erwägung gezogen werden. Allem voran war das Kind dabei und weiß, dass es seine leibliche Mutter verloren hat, auch wenn es keine Worte dafür hat. Zweitens **wird** das Kind es herausfinden, von einem Freund, Nachbarn oder Verwandtem. Es wird etwas hören, irgendwo. Drittens sind Geheimnisse Gift in

---

18 AdÜ: Originaltitel *Lost and Found – the Adoption Experience*

Familien. Wenn es ein Geheimnis gibt, weiß jeder, dass es existiert, auch wenn man nicht genau weiß, was es genau ist. Geheimnisse verursachen Spannungen für alle Beteiligten. Viertens wissen Kinder immer, wenn die Erwachsenen um sie herum lügen. Schließlich wird es, sobald Adoptierte es herausfinden, Wut darüber geben angelogen worden zu sein und die eigene Wahrheit vorenthalten worden zu sein. Die Adoptierten werden sich von ihren Adoptiveltern hintergangen fühlen.

Es ist wichtig zu erkennen, dass Kinder auf das, was ihnen passiert, reagieren als wäre es durch sie verursacht worden. Adoptivkinder werden zweifellos glauben, dass sie abgegeben wurden, weil sie fehlerhaft waren und der Fehler ist ihre Nicht-Liebenswürdigkeit. Damit umzugehen, ist für ein Kind sehr schmerzhaft und wenn es nicht thematisiert wird, kann es große Schwierigkeiten im späteren Leben verursachen. (Siehe Kapitel 13, Die Fraktur verhindern)

Die Zeichnungen, Spiele etc. eines Kindes sollten auf Signale von Traurigkeit, Aggression und Feindseligkeit beobachtet werden. Eltern sollten nicht annehmen, dass sie ihrem Kind sagen können, dass es adoptiert ist und es in Ordnung sein wird, besonders wenn das Kind es nie wieder erwähnt. Es wird Wut geben und wenn diese nicht verbalisiert wird, kann sie im Spiel des Kindes mit anderen auftreten.

Wut, die nicht auf eine gesunde Art und Weise ausgedrückt wird, wird sicherlich auf eine andere Weise wieder auftauchen. Wenn Wut nicht ausgesprochen wird, wird sie externalisiert (gegen andere ausgelebt) oder internalisiert (gegen sich selbst) wie beispielsweise durch Substanzmittelmissbrauch, körperliche Erkrankungen oder in einer anderen negativen Ausdrucksweise.

Wir müssen den Kindern auf eine altersangemessene Weise die Wahrheit sagen, in einer Art, die jemand seines Alters verstehen und bewältigen kann. Kinder brauchen Antworten, die wahr sind und Sinn ergeben, ansonsten fühlt sich die Welt für sie unsicher an.

Was sollten Adoptiveltern machen oder sagen, um ihrem Kind in dieser Phase der Heilung zu helfen? Als Erstes sollten sie sich, wenn möglich, mit ihrem eigenen Schmerz über die Unfruchtbarkeit befassen (wenn Unfruchtbarkeit eine Rolle spielt). Die Eltern müssen sich behaglich dabei fühlen über Adoption zu sprechen, sonst wird ihr Kind (egal welchen Alters) es schwierig finden das Thema anzusprechen. Sie sollten die Traurigkeit, den Schmerz und die Wut des Kindes über seine Verluste anerkennen.

Sie sollten ihrem Kind sagen, dass es in Ordnung ist, zu fühlen und zu denken, was auch immer es fühlt und denkt. Hoffentlich können die Adoptiveltern ihre eigene Traurigkeit über die Verluste ihres Kindes anerkennen. Sie sollten das Kind weinen lassen und wenn möglich in ihren Armen halten. Erkenne, dass es die Adoptiveltern womöglich wegstoßen wird, weil es Trost durch seine andere Mutter möchte. Der Versuch es zu beruhigen, kann es wütend machen. Erkenne dies an, wenn es passiert. Dem Kind eine Wiedervereinigung und die Wahrheit über sein Leben zu bieten, bevor es die Fraktur erlebt, kann die Fraktur verhindern oder zumindest verringern und ihm helfen.

Versuche zu vermeiden zu sagen, dass du weißt, wie es sich anfühlt. Adoptierte wissen, dass jeder, der nicht in ihrer Situation war, kaum wissen kann, wie es sich anfühlt. Zeige liebevolle Zuwendung und Empathie. Wir müssen berücksichtigen, dass Adoptivkinder sich nicht darüber bewusst sein können überhaupt Gefühle zu haben (über die Adoption oder andere) oder dass sie einfach nicht die Worte haben ihre Emotionen auszudrücken. Es kann für Adoptierte lange Zeit dauern, bis sie sich sicher fühlen diese in Angst und Schrecken versetzenden Gefühle zu erleben, eine Angst vor Vernichtung und eine Angst vor dem zerstörerischen Potential ihrer Wut. Es ist unwahrscheinlich, dass sie sich dieser Gefühle bewusst sind.

Als Anerkennung können die Adoptiveltern sagen „Das muss sehr schmerzhaft oder traurig für dich sein" etc. Bestätige! Bestätige! Bestätige! Für das Adoptivkind (und den späteren Erwachsenen) sind die großen Fragen: wer, was, wo, wann, wie und warum. Einfach gesagt übersetzen sie sich zu: Hat sie mich geliebt? Liebt sie mich? Wer ist sie? Warum hat sie mich abgegeben? Hat sie all die Jahre an mich gedacht? Wo ist sie? Was will ich ihr sagen? Was will ich hören? Wird sie mich sehen wollen? Kinder verdienen es und brauchen es, sich sicher zu fühlen. Reale Antworten zu realen Fragen zu haben, hilft ihnen sich sicher zu fühlen.

Die „Autounfall"-Geschichte wurde Tausenden von Adoptieren erzählt. Das voraussichtliche Resultat ist der Glaube der Adoptierten, dass sie ihre Eltern irgendwie getötet haben. Sie fühlen sich schuldig überlebt zu haben und sie stellen sich vielleicht ein Autowrack mit ihren toten Eltern vor. Wenn Lügen im Allgemeinen Gift für Beziehungen sind, ist diese nahezu tödlich und darf niemals in Erwägung gezogen werden. Es gibt keinen Grund ein Adoptivkind Glauben zu machen, dass seine leiblichen Eltern tot sind. Das wird nur mehr unerträglichen Schmerz für das Kind, das bereits einen schwerwiegenden Verlust erlitten hat, verursachen.

Wir haben „als ob" bereits früher in diesem Buch behandelt. Um noch einmal darauf zurückzublicken: einem Kind zu sagen, dass es geliebt wird „als ob" es als Kind in die Familie geboren wurde, verursacht Schmerz. Das Kind weiß es **kann nicht** wahr sein. Du kannst ein Kind sehr lieben, vielleicht sogar mehr als ein biologisches Kind, aber „als ob" kann nicht funktionieren. Ich kann meine Katze nicht so lieben, als wenn sie ein Hund wäre und Eltern können ein Adoptivkind nicht genauso lieben oder „als ob" es in die Familie geboren wurde. Es ist unmöglich dies zu tun, weil es nicht so ist. Darüber hinaus bedeutet dem Kind zu sagen, dass es geliebt wird „als ob", ihm zu sagen es sei nicht derselbe wie jeder andere. Lediglich zu sagen „Ich liebe dich", sagt alles und muss nicht eingeschränkt werden.

Zusammenfassung

- Adoptivkinder müssen die Wahrheit über ihren Ursprung erfahren.
- Geheimhaltung und Lügen sind giftig und verursachen dysfunktionale Familien.
- Adoptivkinder werden glauben, dass sie Schuld daran sind, freigegeben worden zu sein und wir müssen ihnen helfen den Trugschluss dieses Glaubens zu verstehen.

Übung

- Schreibe deine Gedanken und Gefühle über das gerade Gelesene auf. Was bereitet dir Schwierigkeiten? Was verstehst du nicht? Hast du eine andere Meinung dazu oder magst du es einfach nicht? Wenn du das Bedürfnis hast, gehe zurück und lies es noch einmal. Wir dürfen nicht vergessen, dass Adoption im besten Interesse des Kindes und nicht der Erwachsenen sein sollte. Wir müssen immer die Gefühle und Interessen des Kindes an erste Stelle setzen.

- Es kann sein, dass du dich etwas wütend oder ängstlich über das gerade Gelesene fühlst. Es ist normal ängstlich und wütend über das, was hier geschrieben steht, zu sein. Keine der Realitäten über Adoption machen Spaß oder sind angenehm, jedoch müssen sie verstanden werden, wenn uns wirklich das Wohlergehen des Kindes am Herzen liegt.

Kapitel 12:

Geisterjäger

Die Geister der leiblichen Eltern leben in jedem Adoptivzuhause. Es ist für alle Familienmitglieder wichtig, die Realität der leiblichen Eltern des Adoptierten anzuerkennen. Ihre Existenz zu leugnen, leugnet die Existenz des Adoptierten und leugnet die Gefühle, die alle Familienmitglieder über die leiblichen Eltern haben.

Mythen:
- Adoptierte denken niemals an ihre leiblichen Eltern.
- Es ist nicht nötig anzuerkennen, dass die leiblichen Eltern jemals existiert haben.

Fakten:
- Adoptierte denken oft an ihre leiblichen Eltern, selbst wenn es unbewusst ist.
- Die Adoptiveltern denken auch oft an die leiblichen Eltern, selbst wenn es unbewusst ist.
- Jeder in der Familie muss die Existenz der leiblichen Eltern offen anerkennen.

Kinder müssen verstehen, wie die Welt um sie herum funktioniert, um sich sicher zu fühlen. Adoptierte kämpfen ständig mit den Fragen wer, was, wo, wann, wie und warum, um ihre Welt zu verstehen und die Antworten, die nicht normal bereitstehen. Um sich sicher zu fühlen, brauchen Adoptierte Antworten. All diese Fragen beziehen sich auf die Tatsachen der Existenz der Adoptierten. Das Fehlen der Antworten führt im Kopf der Adoptierten zur Entstehung der Geister ihrer leiblichen Eltern. Wenn ihre leiblichen Eltern nicht anerkannt werden, „spuken" ihre Geister durch das Haus und alle haben Angst vor ihren Gefühlen darüber, was die Geister repräsentieren.

Der Weg die Geister zu beseitigen, ist die Realität der leiblichen Familie in das Adoptivzuhause zu bringen. Adoptiveltern können, wenn sich eine Möglichkeit ergibt, sagen „Deine Mutter muss eine wundervolle Künstlerin oder eine gute Athletin gewesen sein", je nachdem welche Talente oder Neigungen das Kind aufweist.

> „Adoptierte sind dann gefangen zwischen der Loyalität, die sie ihren Adoptiveltern gegenüber verspüren, welche sie 'gerettet' haben und der unsichtbaren Loyalität zu der Mutter, die sie geboren hat. Belastet wie sie durch das Gefühl undankbar zu sein sind, verbleiben sie ambivalent darüber ihre Adoptiveltern als die ‚richtigen' zu akzeptieren. Dennoch können sie ihre leibliche Mutter ebenso wenig als real akzeptieren, weil sie keine realen Erfahrungen in der echten Welt mit ihr hatten. Ihre gespaltenen Loyalitäten hindern sie daran ihre Probleme mit beiden der Elternpaare zu lösen."
> *Journey of the Adopted Self* – Betty Jean Lifton

Die Kinder müssen ermutigt werden über ihre leibliche Familie zu sprechen, insbesondere ihre leibliche Mutter, zu der sie die wichtigste Verbindung hatten. Über die leibliche Familie zu sprechen, wird die Spannung im Haus abbauen und allen erlauben sich natürlich zu verhalten. Wenn die Adoptiveltern Fotos der leiblichen Familienmitglieder haben (die sie sicherlich zu erhalten versuchen sollten), wird diese mit dem Kind zu teilen besonders hilfreich sein.

Kinder werden beim Aufwachsen ihre Eltern in einem Moment als gut (wenn sie machen, was das Kind möchte) und in der nächsten Minute als böse (wenn Mama und Papa das nicht machen) betrachten. Eine der Entwicklungsaufgaben des

Kindes ist es schließlich (hoffentlich) zu erkennen, dass Mama und Papa weder nur gut, noch nur böse sind.

Das Adoptivkind hat ein erheblich größeres Problem zu lösen. Neben der Spaltung seiner Adoptiveltern in gut und böse, hat es die Realität seiner leiblichen Eltern böse zu sein dafür, dass sie ihn abgegeben haben und gleichzeitig gut, wenn sie vielleicht kommen und ihn retten. Gleichzeitig werden dann seine Adoptiveltern gut, wenn das Adoptivkind denkt, dass sie nicht wütend auf ihn sein werden dafür gerettet zu werden oder böse, wenn sie wütend sein werden. Dieser innere Konflikt ist furchterregend und sehr schwierig zu lösen. Eines der Elternteile als böse zu betrachten, löst die Angst aus dafür so „schreckliche oder schlimme" Gedanken zu haben, verlassen zu werden. Die Adoptivmutter kann den einen Tag gut sein, wenn das Kind seine leibliche Mutter als böse betrachtet und umgekehrt. Diese Art Flip-Flop Spaltung ist normal und kein Grund zur Besorgnis.

Die Adoptiveltern müssen ihre Liebe zu ihrem Kind bekräftigen, das Kind, wenn nötig, daran erinnern, dass einige Verhaltensweisen nicht akzeptabel sind und sofort ihre Liebe bestätigen. Wenn ihr Kind wütend auf sie wird, müssen sie es anerkennen, indem sie beispielsweise sagen „Es tut mir leid, dass du wütend darüber bist, dass _____. Ich liebe dich." „Liebling, würdest du Mami ein Bild von deiner Wut malen?" Die Eltern müssen dann das Bild der Wut des Kindes loben.

Wut ist ein geläufiges Gefühl bei Adoptivkindern und warum auch nicht? Haben sie nicht eine Menge, worüber sie wütend sein können? Das Wichtigste ist die Wut des Kindes zu bestätigen, die Spaltung zu verstehen und Wege für das Kind zu finden seine Wut in einer akzeptablen Art und Weise herauszulassen wie beispielsweise durch: reden, malen, ein wütendes Lied kreieren und singen, trommeln, mit einem

Boxsack boxen etc. Kreative Ventile für Wut funktionieren sehr gut. Die Eltern sollten das Kind dann dafür loben seine Wut effektiv ausgedrückt zu haben.

Es ist wichtig das Kind zu fragen, warum es wütend ist und zu bekräftigen, dass es in Ordnung ist, wütend zu sein. Ihm zu helfen seine Wut auszudrücken ist wie Medizin, denn der Ausdruck von Wut mildert seine zerstörerische Kraft. Emotionen, die innebehalten werden, sind für uns alle destruktiv. Sie rauszulassen ist Heilung und kann helfen die Fraktur zu verhindern. (siehe Kapitel 13)

Zusammenfassung

- Adoptivkinder haben zwei Elternpaare, die beide real sind.
- Adoptivkinder müssen über ihre leibliche Familie sprechen. Adoptivkinder müssen ihre Gefühle ausdrücken.
- Adoptivkinder verwechseln oft (emotional) ihre beiden Elternpaare.

Übung

- Schreibe deine Gedanken über den Geist der leiblichen Familie auf, insbesondere den Geist der leiblichen Mutter. Welche Gefühle steigen in dir auf? Schreibe auf, was du über diese Geister fühlst. Magst du sie, hast du Angst vor ihnen etc.? Vergiss nicht, dass die Geister reale Personen sind, über die du möglicherweise nichts weißt. Der Weg deine Gefühle über die Geister herauszufinden, kann durchaus sein alles über sie herauszufinden. Sie können keine Geister bleiben, wenn du sie real behandelst.

- Es kann sein, dass du dich gerade ängstlich fühlst. Angenommen diese „Geister" sind keine netten Leute? Angenommen du findest etwas Negatives über sie heraus? Erlaube dir zu explorieren, was passieren würde, wenn du negative Dinge herausfinden würdest. Denke danach an die Angst sich für immer darum zu sorgen. Möchtest du die Antworten ein für alle Mal wissen und aufhören dir Gedanken zu machen? Die kontinuierliche Angst darüber, was du finden könntest, addiert sich über die Jahre zu weitaus größerer Angst und Schmerz, als durch den Umgang mit der Wahrheit verursacht werden könnte. Sag deinem Inneren Kind, dass es sicher ist, diese Emotionen zu explorieren und dass du dich wie immer um es kümmern wirst und dass ihr beide okay seid.

Kapitel 13:

Die Fraktur verhindern

Vor dem Alter von sechs bis acht Jahren, dem ungefähren Alter der Kognition, hat ein Kind nicht die Fähigkeit logische Prozesse wirklich zu verstehen. Während Adoptivkinder verstehen, dass etwas Weltbewegendes und Trauriges geschehen ist, können sie das Konzept dessen und was es wirklich bedeutet, nicht verstehen. Sie können Ursache und Wirkung noch nicht erkennen.

Sobald ein Kind das Alter der Kognition erreicht, wird es ein inneres „Tonband" abspielen und sich die Schuld für die Freigabe zur Adoption geben. Wenn nicht interveniert wird, wird eine ernstzunehmende Fraktur der Persönlichkeit erfolgen. Vor der Fraktur wird das Kind in der Lage sein offen über seine Wut, seinen Schmerz, seine Traurigkeit und seine Angst zu sprechen, da diese Gefühle in diesem Alter zugänglich sind. Nach dem Zeitpunkt der Fraktur werden diese Gefühle erlebt als würden sie zur gleichen Zeit geschehen. Dies führt dazu, dass die Gefühle miteinander verwoben werden, als ob sie in ein Knäuel verwickelt seien. Das Kind wird nicht in der Lage sein eines der Gefühle zu erleben, ohne alle gleichzeitig zu spüren. Dies ist wahrlich überwältigend für das Kind und um zu überleben, müssen die Gefühle verdrängt werden. Daher entspricht die frühe Latenzzeit, zwischen sechs und acht Jahren, einem entscheidenden therapeutischen Möglichkeitsfenster und zu diesem Zeitpunkt kann ein erfahrener Psychotherapeut oder Berater einen bedeutenden Unterschied machen. Lasst uns explorieren wie Eltern und Therapeuten das Meiste aus dieser Möglichkeit machen können und ebenso den Wert einer Wiedervereinigung zwischen dem Adoptivkind und seiner leiblichen Familie zu diesem Zeitpunkt betrachten.

Eines der auffallendsten Ereignisse, das ich regelmäßig beobachte, ist ein Raum voller Erwachsener; Adoptierte, Adoptiveltern, zukünftige Adoptiveltern und

> Die Sprache der Adoption ist ein verbales Mittel seine Gefühle über seine Adoptionserfahrung auszudrücken.

leibliche Eltern, die sich alle in jedem Thema artikulieren, außer wenn sie versuchen über ihre Adoptionserfahrung zu sprechen. Sie können keinen Weg finden darüber zu sprechen, warum sie bei einem Selbsthilfegruppentreffen sind. Sie haben keine Sprache für ihre Adoptionserfahrung, da früher in ihrem Leben nicht darüber gesprochen wurde. Alle Adoptierten müssen eine Sprache für ihre Adoptionserfahrung entwickeln und wenn wir dem Adoptivkind helfen darüber zu sprechen, während es aufwächst, wird es keine Sprachdefizite in Bezug auf Adoption haben und es wird nicht die Ängste jener haben, die nicht in einem frühen Alter gelernt haben über Adoption zu sprechen und dies als Erwachsene überwinden mussten.

Mythen:
- Ein Kind in diesem Alter denkt nicht an seine leibliche Familie.
- Ein Kind in diesem Alter sollte niemals mit seiner leiblichen Familie wiedervereint werden.
- Lasst sie in Ruhe und ihnen wird es gut gehen. Öffne nicht die Büchse der Pandora.

Fakten:
- Kinder jeden Alters denken an ihre leibliche Familie.
- Im Allgemeinen gibt es keinen Grund, warum ein Kind dieses Alters nicht wiedervereint werden könnte.

- Niemand kann den Schmerz des Verlustes einer Mutter alleine erfolgreich bewältigen, insbesondere kein Kind.

═══════════════════════════════════════

Vor dem Alter der Kognition (sechs bis acht) versteht das Adoptivkind nicht wirklich, was ihm passiert. Es wird relativ offen über seine Gefühle sprechen, wenn es die Möglichkeit bekommt.

Sobald das Alter der Kognition erreicht ist, ist es unausweichlich, dass das Kind, ohne Antworten auf die Fragen, die es zu seinem Ursprung hat, seine eigenen Antworten erfinden wird. Da Kinder denken, dass die Welt sich um sie dreht, werden die Antworten des Kindes auf seine Fragen es mit

> „...der Adoptierte, der die leiblichen Eltern sehen, berühren und fühlen kann, kann die Tatsache glauben, dass die Person sich sorgt, aber sich zum Zeitpunkt der Geburt des Kindes , nicht um es kümmern konnte." – *The Adoption Triangle* - Sorosky, Baran & Pannor

dem Gefühl zurücklassen, dass es seine Schuld ist, weil es glaubt, dass es fehlerhaft und nicht liebenswert sei, ansonsten wäre es nicht abgegeben worden. Sobald das Kind diese „schlechten" Antworten entwickelt, wird es Schmerz, Wut, Traurigkeit, Verwirrung etc. erleben. Diese Emotionen werden zu mächtig und beängstigend sie zu ertragen und das Kind wird zerbrechen. Die zerbrochene Persönlichkeit entwickelt sich nun auf Grundlage der falschen Annahme, dass das Kind tatsächlich nicht liebenswert sei und das „Selbst" liegt auf der psychologischen Verwerfungslinie der Fraktur. Dieser Glaube der Nicht-Liebenswürdigkeit verursacht Gefühle, die uneträglich zu erleben oder akzeptieren sind und aufgrund dessen heruntergefahren oder gestoppt werden müssen, um zu überleben.

Wenn die Adoptiveltern intervenieren und einen Weg finden können das Kind zu ermutigen darüber zu sprechen, was es denkt und fühlt, ist es sehr wahrscheinlich die schlechten Antworten zu stoppen, bevor sie in Beton gegossen werden und folglich den Ansturm von unerträglichen Gefühlen, die zur Fraktur führen, zu hemmen. *Infolgedessen stellt dieser Zeitraum eine wirkliche therapeutische Möglichkeit dar und ist ein kritischer Zeitpunkt.* Nach der Fraktur werden diese Gefühle verdrängt und miteinander verwoben in ein verwickeltes Knäuel, das nur schwer zu entwirren ist.

Vor einigen Jahren wurde eine siebenjährige weibliche Adoptierte zu mir in Therapie gebracht. Sie hatte seit Jahren Albträume und wachte niemals auf, erinnerte sich niemals an sie und alles, was ihre Eltern tun konnten, war sie zu halten, während sie vor Entsetzen schrie, bis sie sich beruhigt hat. Ich fragte sie, ob ihre Mutter ihr erzählt hatte, dass ich auch adoptiert bin. Ihre Augen öffneten sich weit und sie antwortete „nein", hatte sie nicht. Ich fragte sie dann, ob sie über Adoption nachgedacht hatte und sie antwortete „nein". Dann fragte ich sie, ob sie jemals an ihre leibliche Mutter gedacht hatte. Sie sagte „manchmal". Als ich sie fragte was *manchmal* bedeutet, wurde sie sehr konkret und antwortete „ungefähr einmal die Woche". Was denkst du von ihr? Fragte ich. Sie antwortete mit einer Fülle an Fragen „Wer ist sie? Wie sieht sie aus? Wo ist sie? Denkt sie an mich? Warum hat sie mich nicht behalten? Liebt sie mich? Geht es ihr gut?" und schließlich „Ich muss sie treffen, bevor ich sterbe!" Ihre Mutter ruft von Zeit zu Zeit an und berichtet, dass sie seit unserem Treffen keine Albträume mehr gehabt hat. Nun, alles was tatsächlich in unserer Therapiestunde passiert ist, ist, dass der Adoptierten die Freiheit gegeben wurde, über das zu sprechen, was sie im Inneren quälte. In der Lage zu sein darüber zu sprechen, was passiert ist und alle Fragen zu stellen, kann ausreichend sein, um die Fraktur zu verhindern. Auch ohne konkrete Antworten bekommt das Kind Erleichterung dadurch seine Gefühle und Gedanken frei ausdrücken zu können.

Ich persönlich glaube, dass wenn eine Wiedervereinigung in diesem Alter (mit einer Menge Vorbereitungszeit) vollbracht werden kann, kann es ein Segen für das Adoptivkind,
seine Adoptivfamilie und seine leibliche Familie sein. Ich werde oft gefragt wäre es nicht zu verwirrend für ein Kind zwei
Mütter in seinem Leben zu haben? Nun ja, es ist verwirrend,
aber viel verwirrender ist für den Adoptierten, wenn seine leibliche Mutter in seinem Leben fehlt. Leben Scheidungskinder
nicht für gewöhnlich in Beziehungen mit zwei Müttern?

Ich denke die beste Person, um ein Kind, das kurz davor steht zu glauben es sei nicht liebenswert, zu überzeugen,
dass es liebenswert ist, ist die leibliche Mutter des Kindes.
Was für ein kostbarer Schatz das für den Adoptierten ist!
Wenn es früh genug getan wird, wird der Fraktur vorgebeugt
und das Leben des Kindes wird bemerkenswert und wunderbar anders. Natürlich muss eine Wiedervereinigung vorsichtig
geschehen und ich empfehle sehr die Hilfe und den Rat eines
fachkundigen Experten auf diesem Gebiet zu suchen.

Zusammenfassung

- Zwischen sechs und acht Jahren gibt es eine Möglichkeit die Fraktur der Persönlichkeit des Adoptivkindes
  zu verhindern.
- Im gleichen Alter bietet sich eine wunderbare Möglichkeit für eine Wiedervereinigung mit der leiblichen Familie, wovon alle, deren Leben von der Adoption beeinflusst wurde, enorm profitieren können.

Übung

- Nimm dir einen Moment und denke an die schreckliche Angst, die du vielleicht hinsichtlich der Adoption wahrnimmst. Realisiere dann, dass das Adoptivkind, in einem jungen Alter, dieselbe entsetzliche Angst hat und damit alleine zurechtkommen muss, ohne jegliche Hilfe. Als Erwachsene brauchen wir Hilfe diese Gefühle zu verstehen und zu überleben. Nun, das Adoptivkind hatte (oder hat) keine Hilfe und hat es trotz allem überlebt. Wir müssen Verständnis für dieses Kind haben und dafür, was es durchlebt hat. Schließe deine Augen, umarme es und sag ihm, dass du es liebst.

Erfahrung des Augenblicks

- Es kann sein, dass du dich gerade unsicher fühlst. Begreife bitte, dass diese Gefühle über die Adoption zu den mächtigsten der Welt gehören. Wenn du bisher keine Hilfe hattest, zu lernen darüber zu sprechen, dann wirst du Schwierigkeiten mit diesen Gefühlen haben. Je mehr du über diese Aspekte sprechen kannst, desto mehr wirst du für das Thema desensibilisiert. Schau dich um und nimm wahr, dass du körperlich sicher bist. Sag dir laut in deinem Kopf: „Es passiert gerade nichts. Ich weiß, es fühlt sich so an, aber ich habe mich gerade umgeschaut und wir sind okay. Relax."

Kapitel 14:

Aufbau einer Authentischen Identität

Da Adoptierte möglicherweise gezwungen wurden ihren Schmerz, ihre Wut und ihre Traurigkeit so lange innezubehalten, ist die Adoleszenz eine Zeit, in der sie beginnen könnten die Gefühle offen auszudrücken und in Wegen auszuleben, die ein klares Signal dafür sind, dass sie in Schwierigkeiten sind. Ihre Eltern suchen zu diesem Zeitpunkt für sie mit höherer Wahrscheinlichkeit eine Psychotherapie. Adoptiveltern haben in der Regel das Gefühl, dass die Probleme ihres Jugendlichen nichts mit der Adoption zu tun haben oder dass die genetische Herkunft des Kindes und/oder die Handlungen der leiblichen Mutter während der Schwangerschaft Schuld sind. Indem diese Fehlwahrnehmungen korrigiert werden, müssen Adoptiveltern die besonderen Hindernisse, vor denen adoptierte Teenager bei der Bewältigung der Aufgaben der Adoleszenz stehen, bewusst gemacht werden und sie müssen Hilfestellung bekommen, um ihren Kindern durch diese schwierige Zeit helfen zu können.

Eine der wichtigsten Handlungen, die Adoptiveltern in dieser Entwicklungsstufe durchführen können, ist den Wunsch des Kindes sich mit seiner leiblichen Mutter zu verbinden zu ermutigen und zu unterstützen. Die Themen, Probleme und potentiellen Belohnungen einer Suche in Bezug auf die sich entwickelnde Identität des adoleszenten Adoptierten und seine Beziehung zu seinen Adoptiveltern müssen untersucht werden.

Während Kinder in früheren Entwicklungsstufen in der Regel nicht in der Lage sind ihren Heilungsprozess selbst in die Hand zu nehmen, handeln Jugendliche möglicherweise selbst, um Hilfe für ihre Probleme durch professionelle Unterstützung oder von anderen außenstehende Personen zu suchen. Folglich wird, da anzunehmen ist, dass ein Teil der Leser von *Heilungsprozess für Adoptierte* auch Jugendliche sowie Erwachsene beinhaltet, ein Abschnitt dieses Kapitels Jugendliche direkt ansprechen und sich mit den Vor- und Nachteilen einer Suche nach den leiblichen Eltern befassen und wie man dieses Thema bei den Adoptiveltern ansprechen kann. Die Zweckmäßigkeit einer Familientherapie ebenso wie individuelle Therapie wird ebenfalls behandelt.

Mythen:

- Adoptierte Jugendliche sind nicht anders als ihre nicht-adoptierten Altersgenossen.
- Wenn Adoptierte Probleme haben, sind sie entweder nicht adoptionsbezogen oder genetisch.
- Adoptierte sollten, wenn sie eine Wiedervereinigung brauchen, warten bis sie erwachsen sind.

Fakten:

- Adoptierte Jugendliche haben besondere Bedürfnisse, die respektiert werden müssen.
- Die Adoleszenz ist die Zeit der Identitätsfindung und für den Adoptierten oftmals sehr schmerzhaft und verwirrend.
- Eine Wiedervereinigung sollte möglichst vor der Pubertät stattfinden.

Während der Adoleszenz werden Adoptierte mit ihrer eigenen Sexualität, Fragen über ihre Zeugung und der Realität ihrer Identitätsdiffusion konfrontiert. Sie fragen sich, wer sie wirklich sind und zunehmend fragen sie sich, wer ihre Eltern sind, insbesondere die Identität ihrer leiblichen Mutter. Es kann sein, dass sie bewusst oder unbewusst Gesichter auf der Straße betrachten. Sie suchen jemanden, der ihnen ähnlich sieht. Sie könnten ihre eigene aufkommende Sexualität in Frage stellen und wenn sie ihre wahre genetische Identität nicht kennen, können sie dann ihrer sexuellen Identität vertrauen?

Während die Adoptierten körperlich reifen, können zusätzliche Spannungen im Haushalt entstehen. Sie können nun vermutlich das tun, was ihre Mütter beispielsweise nicht konnten...ein Kind zur Welt bringen. Adoptivmütter können daher eifersüchtig sein und (unbewusst) feindselig werden. Ihr Vater betrachtet sie möglicherweise auch und wird aus dem gleichen Grund wütend. Ihre Sexualität kann für die Eltern ein Schlag ins Gesicht sein, eine raue Erinnerung dessen, was sie nicht tun konnten. Es ist unwahrscheinlich, dass Adoptierte sich dessen bewusst sind, aber die Spannung Zuhause wird sicherlich Auswirkungen auf alle Familienmitglieder haben.

Der Schmerz, die Wut und die Traurigkeit des Adoptierten, welche gelinde gesagt verwirrend sind, sind real und verständlich und müssen respektiert werden. Für den Adoptierten ist es, als ob er ein Schauspieler ist,

> Der durchschnittliche Adoptierte kann durchaus wütend auf seine Adoptiveltern darüber sein nicht die Nerven gehabt zu haben ihn zur Welt zu bringen. Oder er ist wütend auf seine Adoptiveltern dafür von seiner leiblichen Mutter „gestohlen" worden zu sein. In beiden Fällen trägt er wahrscheinlich eine Menge Wut aus dem einen oder anderen Grund gegen seine Adoptiveltern mit sich. Auf wen ist es letzen Endes sicherer wütend zu sein als auf sie?

der in der Mitte des falschen Films platziert wurde. Was ist seine richtige Rolle? Wer soll er sein? Niemand wird ihm sagen, was zu Beginn des Films passiert ist. Er muss selbst herausfinden, was von jetzt an zu tun ist, ohne zu wissen, was in der Vergangenheit geschehen ist. In vielerlei Hinsicht hat er keine Grundlage, auf die er bauen kann und er entwickelt möglicherweise eine wahre Angst davor Fehler in seinem Leben zu begehen. Schließlich könnte ein Fehler dazu führen, dass er rausgeworfen wird, wovon er das Gefühl hat, dass dies ganz am Anfang seines Lebens passiert ist. Er denkt vielleicht es ist besser die Dinge einfach geschehen zu lassen und dann kann es nicht seine Schuld sein. Wie kann er eine Identitätsbildung beenden, die von Anfang an bereinigt war? Dies ist ein größtenteils unbewusster Konflikt.

Die Adoptiveltern, ohne Verständnis für den inneren Tumult ihres Kindes, sagen wahrscheinlich, dass die Probleme des Adoptierten nichts mit der Adoption zu tun haben oder dass die leiblichen Eltern (genetische Herkunft des Kindes oder Alkohol oder Drogenkonsum der leiblichen Eltern) schuld sind. Diese Verwirrung hat damit zu tun, was vor der Adoption passiert ist. Der Adoptierte hat sein authentisches Selbst verloren und wurde gezwungen wechselnde Rollen zu wechselnden Zeiten, entsprechend seiner Wahrnehmung der Wünsche um ihn herum, zu spielen. Wahrscheinlich wird er fügsam sein, jemand der seinen Freunden alles Recht machen will, eine dankbare Tochter oder ein dankbarer Sohn, ein unbekümmerter Teenager etc. Allerdings sind sie innerlich verwirrt und benötigen Hilfe.

Adoptierte empfinden oft ein Gefühl der Isolation, das nicht nur durch die Schwierigkeiten sich mit ihren eigenen Gefühlen zu konfrontieren entsteht, sondern auch durch das Unvermögen die emotionale Wirklichkeit mit Bezugspersonen – insbesondere Adoptiveltern – zu teilen. Adoptierte haben oft Angst davor, mit ihren Adoptiveltern über die Adoption zu sprechen. Sie können Angst haben sie zu verletzen oder sie können gespürt haben, dass sie niemals über die Adoption sprechen möchten. Adoptierte müssen verstehen, dass sie ihre Adoptiveltern nicht verletzen können und dass Adoptiveltern für ihre Gefühle selbst verantwortlich sind. Hoffentlich werden die Adoptiveltern unterstützend sein, aber wenn sie durch die Suche bedroht oder betrübt sind, kann der Adoptierte ihre Sorgen verringern, indem er seine wahren Gefühle ihnen gegenüber ausdrückt und ihnen versichert, dass er sich nicht von ihnen abwenden wird.

Im Großen und Ganzen ist die Suche eines Adoptierten eine Suche nach sich selbst, nach Vollständigkeit, um seinen eigenen Ursprung zu kennen. Er sucht nicht aufgrund irgendetwas,

> Wenn eine leibliche Mutter nach ihrem Adoptivkind sucht, macht sie ihm ein Geschenk. Oftmals wissen Adoptierte allerdings eine ganze Weile nicht, wie sie es auspacken sollen. In den seltenen Fällen, wo eine Mutter einen Adoptierten ablehnt, sagt sie großer Wahrscheinlichkeit nach in Wirklichkeit, dass sie mit ihrem eigenen Schmerz nicht umgehen kann.

dass seine Adoptiveltern getan oder nicht getan haben. Man würde hoffen, dass alle Adoptiveltern, da sie ihr Adoptivkind lieben, alles unterstützen würden, was den Adoptierten vollständiger, zufriedener und glücklicher machen würde. Adoptierte müssen ihre Suche nicht mit ihren Adoptiveltern teilen, jedoch gibt es eine Schattenseite, wenn es geheim gehalten wird. Wenn Adoptierte ihren Adoptiveltern nicht sagen, was sie machen, lügen sie durch Auslassung und werden Angst davor haben, dass die Adoptiveltern möglicherweise von ihrer Suche erfahren; Angst, die zu einer großen Veränderung in ihrer Beziehung zu ihren Adoptiveltern führen wird. Es ist wahrscheinlich, dass sie wissen, dass etwas nicht stimmt. Adoptierte sollten sicherlich Pro und Kontra abwägen, ob sie ihr Vorhaben mit ihren Adoptiveltern teilen. Einer der Faktoren, die Adoptierte berücksichtigen sollten, ist die Möglichkeit, dass ihre Adoptiveltern alle Informationen haben, die die Adoptierten benötigen, um ihre Suche zu vervollständigen. Adoptiveltern wissen oft den ursprünglichen Namen des Adoptierten oder den Namen der leiblichen Mutter oder vielleicht sogar weitere Informationen.

Was sind die möglichen Folgen und Vorteile einer Suche und Wiedervereinigung für den Adoptierten? Zunächst sollte man nicht ins Blaue hinein nach seinen Eltern suchen. Der Adoptierte sollte sich vorbereiten und einige Bücher lesen, insbesondere *Where are my birthparents?*[19], ein Wegweiser durch die Emotionen der Suche. Eine Selbsthilfegruppe sollte aufgesucht werden und Treffen sollten wenn irgendwie möglich besucht werden.

Die Suche ist ein Prozess und die Reise ist auf viele Arten wichtiger als die Ergebnisse. Sechs bis acht Monate Selbsthilfegruppentreffen und Lektüre, bevor man sich auf die Suche einlässt, sollte ein vernünftiger Zeitraum sein, um sich vorzubereiten. Eine Wiedervereinigung ist nicht das Ein und Alles. Es ist ein Anfang einer neuen Art zu leben, aber um die Vorteile dessen vollkommen genießen zu können, ist andauernde Arbeit nötig.

Es sollte darauf hingewiesen werden, dass *alle* Wiedervereinigungen Schmerz verursachen. Desto besser die Wiedervereinigung ist, desto größer ist der Schmerz. Und die Wut. Und die Traurigkeit. Dies ist

> „Ich habe die besten leiblichen Eltern der Welt gefunden. Sie wohnten sogar, als ich ein Teenager war, auf der gegenüberliegenden Straßenseite und ich habe es nicht gewusst. Sie sind großartig. Es tut mir so weh zu sehen, was ich verpasst habe. Ich liebe meine Adoptiveltern, aber es geht nicht um sie. Ich bin auch wütend auf meine leiblichen Eltern, weil sie mich abgegeben haben." – Weibliche Adoptierte, 32 Jahre, nach einer wunderbaren Wiedervereinigung.

etwas Gutes, nichts Schlechtes. Die Wiedervereinigung bringt den Adoptierten zurück zu dem ursprünglichen Trauma und das Trauma erneut zu besuchen ist der einzige Weg zur Heilung. Da so viel Schmerz bei einer Wiedervereinigung beteiligt ist, ist es wirklich nötig einen Teil des Schmerzes in Vorbereitung auf die Wiedervereinigung zu erleben. Selbsthilfegruppentreffen und/oder individuelle Therapie können helfen die-

---

19 AdÜ: Karen Gravelle, *Wo sind meine leiblichen Eltern?*

sen Prozess zu erleichtern. Es ist schwer vorstellbar wie jemand nicht von einer Suche, und wenn sie Glück haben einer Wiedervereinigung, profitieren kann. Der Suchende wird immer einen Schritt voraus sein, da die Suche eine Suche nach dem Selbst ist.

Wiedervereinigungen verursachen dynamische Regressionen. Die leibliche Mutter regrediert zu dem Alter, indem sie ihr Baby zur Adoption verloren hat. Der Adoptierte regrediert zu einer Reihe jüngerer Rollen. Zwei Tage alt, sech-

> „Bis etwa zum neunten Lebensmonat ist die Erfahrung des Neugeborenen eine Einheit mit seiner Mutter. Eine symbiotische Existenz während dessen das Neugeborene nicht weiß, dass es eine separate Einheit ist. Irgendwie kann ich mich mit dieser Einheit verbinden und auf einer zellulären Ebene erinnere ich es. Daher kann ich (soweit es für eine Nicht-Mutter möglich ist) fühlen, dass ich auf beiden Seiten davon bin... die Seite der Mutter und die Seite des Babys." Weibliche Adoptierte, 31 Jahre.

zehn Jahre alt, zwei Wochen alt, sieben Jahre alt etc. Die Veränderungen geschehen von einem Augenblick auf den anderen. Wahrlich die Achterbahnfahrt seines Lebens. Dies ist normal und gesund. Es erlaubt dem Adoptierten auf eine Art zu reifen und zu heilen, die ohne die Wiedervereinigung nicht verfügbar wäre. Das heißt nicht, dass Reifung und Heilung ohne Wiedervereinigung nicht möglich sind, jedoch erleichtert eine Wiedervereinigung den Prozess.

Der Prozess der Selbsthilfegruppen kann Adoptierten helfen eine unabhängige Identität zu entwickeln und sich von den Eltern zu lösen. Sie können ein wahres Selbstempfinden aufbauen und Behaglichkeit sowie Kontrolle über ihr Leben und den Verlauf ihres Lebens entwickeln.

Die Adoleszenz ist die Zeit der „Familienroman-Fantasie" wie bereits in Kapitel 6 erläutert wurde. Einer der Wege die Fantasie zu beenden, ist etwas Realität in das Theater zu bringen. Durch Suchen und Finden und hoffentlich durch eine Wiedervereinigung mit der leiblichen Familie, kann der Adoptierte beginnen Teile seines authentischen Selbst wiederzuerlangen. Dies kann jedoch nur mit jeder Menge Arbeit geschehen. Diese Veränderungen geschehen nicht magisch durch die Wiedervereinigung. Sie können nach einer enormen Anzahl an Selbsthilfegruppentreffen, Lektüre und vielleicht individueller Therapie geschehen. Damit das authentische Selbst wieder ausgegraben wird, muss der Adoptierte mit all seinen Gefühlen in Kontakt kommen, sowohl positive als auch negative. Nur durch das Erleben seiner wahren Gefühle kann er sein wahres Selbst wirklich erleben.

Die meisten Personen, die suchen, werden von ihrer ursprünglichen Familie akzeptiert. Die Personen, die zu Selbsthilfegruppentreffen gehen, haben eine noch größere Chance zu bekommen, was sie sich wünschen. Bis zum Zeitpunkt des Schreibens dieses Buches wurden seit 1986 von denjenigen Adoptierten, die regelmäßig an Adoption Crossroads Treffen in New York City teilgenommen und sich alle ihre Gefühle haben fühlen lassen, weniger als sechs letztendlich von ihren Müttern abgelehnt. Leider werden diejenigen, die nicht zu Treffen kommen häufiger abgelehnt. Selbsthilfegruppentreffen sind wirklich eine Notwendigkeit des Suchprozesses und nachdrücklich vor, während und nach der Wiedervereinigung zu empfehlen.

Es ist wichtig zu verstehen, dass die Wiedervereinigung eine Tür zur persönlichen Weiterentwicklung öffnet. Wiedervereinigung an sich führt die Weiterentwicklung nicht herbei, aber es öffnet die Tür. Es bleibt denjenigen, die sich wiedervereint haben, überlassen zu entscheiden, ob sie ihre Reise der Selbstfindung fortsetzen möchten.

Zusammenfassung

- Die Adoleszenz ist eine Zeit großer Turbulenzen für alle Teenager, aber es ist oftmals eine besonders turbulente Zeit für adoptierte Jugendliche.
- Ihre leiblichen Eltern zu suchen und sie zu treffen, kann Adoptierten helfen ihre Identität zu festigen und im Leben voranzukommen.
- Eine Wiedervereinigung ist kein Allheilmittel. Es wird nichts lösen, jedoch bietet es mit viel Arbeit die Möglichkeit einer tiefgreifenden Veränderung.

Übung

- Schließe deine Augen und denke daran wie Angst einflößend es sein muss deine Mutter als Erwachsener das erste Mal zu treffen. Bedenke dann wie Angst einflößend es sein könnte tatsächlich von deiner eigenen Mutter akzeptiert und geliebt zu werden. Warum versuchst du nicht einmal diese Gefühle und Gedanken in deinem Tagebuch aufzuschreiben. Die meisten Adoptierten haben ebenso viel Angst davor akzeptiert zu werden, wie von ihren Müttern abgelehnt zu werden.

Erfahrung des Augenblicks

- Es kann sein, dass du dich von der obigen Übung aufgewühlt fühlst. Es ist wichtig alle deine Gefühle über das, was du tust anzuerkennen. Der Prozess des Suchens und der Wiedervereinigung ist einer der mutigsten, anspruchsvollsten und beängstigendsten Dinge, die ein Erwachsener auf sich nehmen kann. Mit all deinen Gefühlen auf deinem Weg in Berührung zu kommen, ist dein Sicherheitsnetz. Solange du mit dem, was du machst, in Berührung bist, bist du auf alles am Ende deiner Reise vorbereitet.

Kapitel 15:

Das Leben in die Hand nehmen, mit und ohne Therapie

Die Behandlung von erwachsenen Adoptierten wirft besondere Probleme für Psychotherapeuten auf. Die Unterschiede zwischen adoptierten und nicht-adoptierten Klienten müssen mit besonderer Berücksichtigung der Fallen, in die Therapeuten bei der Behandlung Adoptierter leicht geraten, untersucht werden. Die Art und Weise in der Therapeuten die besonderen Fähigkeiten entwickeln können, die nötig sind, um Vertrauen herzustellen, müssen exploriert werden. Besondere Techniken und therapeutische Bilder, die sich als nützlich erwiesen haben, den Klienten zu helfen Zugang zu dem verwobenen Knäuel von unterdrückten Gefühlen zu bekommen und es zu entwirren, müssen untersucht werden.

Wir werden uns das auslösende Ereignis anschauen, das den Adoptierten zur Therapie bringt; Kindheitserinnerungen, die Bewältigung der Fraktur und ihrer Folgen, Probleme damit ein authentisches Leben zu leben und wechselnde Ich-Zustände. Und wir werden uns die Parallelen in der Behandlung von Adoptierten mit der Behandlung von missbrauchten Personen anschauen.

Therapeuten müssen auch umfangreiches Fachwissen und besondere Fähigkeiten im Umgang mit Klienten, die gerade im Prozess der Suche und Wiedervereinigung sind, haben. Wir werden detaillierte Informationen darlegen, wie Klienten für die Suche nach ihrer leiblichen Mutter vorbereitet und geholfen werden kann, was man erwarten muss, wenn Klienten eine Wiedervereinigung haben und wie Klienten geholfen werden kann, diese neue Beziehung in ihr Leben zu integrieren.

Ereignisse im Leben des erwachsenen Adoptierten wie beispielsweise Hochzeit, Schwangerschaft/die Geburt eines Kindes oder der Tod eines Adoptivelternteils lösen oft den auftauchenden emotionalen Konflikt um die Adoption aus. Da der Schmerz, die Verzweiflung und die Wut um die Adoption über Jahrzehnte tief verdrängt wurden, sind diese Emotionen größtenteils unzugänglich und möglicherweise überschwemmend. Daher benötigen die meisten Adoptierten schließlich Hilfe – entweder durch Psychotherapie und/oder Selbsthilfegruppen – bei der Erkundung und im Umgang mit ihren Emotionen. Allerdings gibt es viele Wege, durch die erwachsene Adoptierte den Prozess ihrer Heilung selbst beginnen können. Wir werden uns auf jene Schritte konzentrieren, die Adoptierte vollbringen können, um die negativen Folgen einer Adoption auf ihr Leben zu minimieren und zu beginnen ein authentisches *Selbstempfinden* zu entwickeln.

Der erste Schritt im Umgang mit einem Problem ist anzuerkennen, dass es ein Problem *gibt*. Für viele Adoptierte ist dies überhaupt in Erwägung zu ziehen sehr schwierig. Bloß an die Adoption zu denken, kann bereits extrem schmerzhafte und verwirrende Gefühle aufkommen lassen, von denen einige dem Adoptierten „verrückt" oder „seltsam" erscheinen. Weitverbreitete Mythen über Adoption, leibliche Mütter und ihre Einstellungen, die Gesetzeswidrigkeit[20] und/oder Sinnlosigkeit der Suche nach den leiblichen Eltern etc. vermitteln die Botschaft, dass auf dem Thema Adoption „herumzureiten" sinnlos ist. Folglich entmutigt es Adoptierte weiter Staub aufzuwirbeln. Diese Gefühle und Mythen müssen behandelt werden, bevor Adoptierte anfangen können die Auswirkungen der Adoption auf ihr Leben genauer zu betrachten. Adoptierte fühlen sich

---

20 AdÜ: Gilt nicht für die Bundesrepublik Deutschland

schnell „verrückt". Sie können einen Großteil ihres Lebens damit verbringen sich Gedanken über sich selbst und ihre Andersartigkeit zu machen, die zu bizarr ist, um sie mit einer anderen Person zu teilen.

In einem Zuhause ohne seine leibliche Familie aufzuwachsen, fühlt sich schizophren an. Wenn man in einer „verrückten" Situation lebt und niemand sie anerkennt, geht die Tendenz dazu zu fühlen, dass man verrückt ist. Da dem Adoptierten die Details der wahren Geschichte seiner Geburt und seines Ursprungs fehlen, fühlt er sich oft, als ob er hervorgezaubert wurde, vom Himmel gefallen sei oder im Babyladen ausgesucht wurde. Der Adoptierte fühlt sich anders als nicht-adoptierte Personen, aber kann nicht beschreiben wie oder warum. Er hat Angst anderen zu sagen, wie er sich fühlt, da dies seine „Verrücktheit" beweisen könnte. Zu Selbsthilfegruppentreffen zu gehen, zu lesen und mit anderen zu sprechen, wird dem Adoptierten helfen zu verstehen, dass er nicht alleine ist und seine Gedanken nicht verrückt sind, sondern normal für jemanden, der diese Erfahrung durchlebt hat.

Bücher sind der zugänglichste und am wenigsten bedrohliche Weg, durch den Adoptierte, ihre Familien und die helfenden Fachleute beginnen können die Auswirkungen der Adoption auf das Leben des Adoptierten zu erkunden. Am Ende dieses Werkes gibt es eine Liste empfohlener Bücher und es ist sehr zu befürworten zu Beginn des Heilungsprozesses mit dem Lesen zu beginnen. Die Bücher können nicht nur als Informationsquelle über die Erfahrung des Adoptierten genutzt werden, sondern auch als ein Weg Erkenntnisse über die Erfahrung leiblicher Mütter und Adoptiveltern zu gewinnen.

Mythen:
- Es sind keine besonderen Fachkenntnisse nötig, um Adoptierte zu therapieren.

- Adoptierte brauchen nicht häufiger Therapie als jeder andere.
- Wenn ein Adoptierter therapeutische Hilfe benötigt, ist es wahrscheinlich aufgrund der Gene.

Fakten:
- Umfangreiches Fachwissen ist erforderlich, um Adoptierte erfolgreich zu behandeln.
- Personen, die ein schweres Trauma erlitten haben, benötigen in der Regel Therapie.
- Adoptierte haben ein schweres Trauma erlitten, als sie von ihren Müttern getrennt wurden. Daher ist es wahrscheinlich, dass sie therapeutische Beratung benötigen werden.

Was wird einen Adoptierten dazu bewegen einen Therapeuten aufzusuchen? Einer von vielen Auslösern (Hochzeit, Schwangerschaft/Geburt, Tod eines Elternteils, Ende einer Beziehung) ist meist geschehen. Es kann sein, dass sich der Adoptierte präsentiert, indem er sagt „Ich denke adoptiert zu sein, hat mich beeinflusst, aber ich weiß nicht wie" oder „Ich habe tolle (Adoptiv-) Eltern, also sollte ich nicht beeinflusst worden sein." Der Adoptierte glaubt möglicherweise noch nicht einmal, dass der Verlust seiner leiblichen Familie irgendetwas mit seinem Leben zu tun hat. Es kann eine Weile dauern, bis er realisiert, dass die Auswirkungen der ursprünglichen Trennung sich durch die meisten Aspekte seines Lebens ziehen.

Eine Aufgabe des Therapeuten ist es herauszufinden, warum der Adoptierte sich gerade jetzt in Therapie begibt. Der Adoptierte mag es nicht bewusst wissen, aber wenn er es herausfinden kann und die Gefühle und die Gedanken, die dazu geführt haben sich Hilfe zu suchen, versteht, wird es ihm helfen die Verbindung zu seiner Adoption besser zu sehen. Der Adoptierte wird das Thema sehr wahrscheinlich vermeiden.

Eine Falle für Fachleute ist es, dass Adoptierte das Thema Adoption nicht als Thema ansprechen oder alles preisgeben. Es kann sein, dass sie es offenlegen und dann alles daran setzen zu verleugnen, dass es ein Thema ist. Sie umgehen das Thema dann um jeden Preis. Denke daran, dass Adoptierte das Gefühl haben können, dass ihr Leben davon abhängt **keinesfalls** über die Adoption zu sprechen und sicherlich nicht die Gefühle zu fühlen, die mit ihren Erfahrungen zusammenhängen.

An dieser Stelle sollten wir über die Angst vor der Angst sprechen. Wenn Personen Angst davor haben ein Gefühl zu fühlen und sich erlauben mit der Angst vor dem Gefühl in Kontakt zukommen, können sie zu einem gewissen Grad das Gefühl spüren, was sie zu vermeiden versuchen. Daher werden sie Angst vor ihrer Angst haben. Diese Angst vor der Angst ist üblich bei adoptierten Personen (ebenso wie bei anderen) und kann die Therapie mit dem Adoptierten in der Tat sehr schwierig machen.

Da Adoptierte viele „Wunden" erlitten haben, kann es gut sein, dass die Zeit um die Fraktur und weiter bis in die Adoleszenz verdrängt wurde. Kindliche Amnesie ist üblich bei Traumaüberlebenden und in meiner Zusammenarbeit mit Adoptierten habe ich die Erfahrung gemacht, dass eine große Anzahl ihre Erinnerung an lange Zeiträume ihrer Kindheit verloren hat. Jeder direkte Weg zu dem Schmerz der *Fraktur* wird wahrscheinlich blockiert.

Der Therapeut muss sich darüber bewusst sein, dass ein Adoptierter sich, nachdem er seinen Adoptivstatus offenbart hat, wahrscheinlich wie jemand mit einer dysfunktionalen Familie präsentieren wird, der sich nicht an seine Kindheit erinnern kann. Hier sind einige der Gebiete, die der Therapeut erkunden sollte:

- Wie sah die Beziehung zu den (Adoptiv-) Eltern aus? (Die Falle: Viele Adoptierte idealisieren ihre Adoptiveltern, um sich vor der Gefahr zu schützen von ihren Adoptiveltern abgelehnt zu werden, sollten sie „schlechte" Gedanken über sie haben.)
- Was für intime Beziehungen hatte der Adoptierte?
- War der Adoptierte ein guter oder ein ausagierender Adoptierter?
- Glaubt der Adoptierte, dass alle Babys liebenswert sind?
- Glaubt der Adoptierte, dass er böse, fehlerhaft oder unvollkommen war?
- Wie war der Adoptierte in der Schule? Viele Adoptierte scheinen lernbeeinträchtigt zu sein oder eine Aufmerksamkeitsstörung zu haben, obwohl sie in Wirklichkeit tagträumen.
- Hat der Adoptierte ein gutes Identitätsgefühl und weiß was er mit seinem Leben machen möchte?

Es kann sein, dass Adoptierte nicht in der Lage sind ehrliche Antworten auf die oben genannten Fragen zu geben, da ihre wirklichen Gefühle unterdrückt wurden, um zu überleben. Vergiss niemals, dass Adoptierte den psychologischen Tod ihrer Mutter erlitten haben und diesen Verlust wahrscheinlich auf keine Weise verbalisieren oder anerkennen konnten. Ihr Körper und Unterbewusstsein erinnern den Verlust und daher sollte die ungelöste Trauer über diesen Verlust der primäre Schwerpunkt ihrer Therapie sein.

Es ist schwerer mit einem psychologischen Tod fertig zu werden als mit einem realen, weil der Adoptierte sich darüber im Klaren ist, dass seine Mutter irgendwo da draußen ist und er nicht weiß, ob es ihr gut geht oder nicht, sie lebt oder tot ist, glücklich oder traurig. Wie jemand, der im Kampf vermisst wird, für den Adoptierten wird seine Mutter auch vermisst; durch Adoption vermisst. Es gibt keinen Abschluss. Die

Erfahrung des Adoptierten den psychologischen Tod seiner leiblichen Mutter bewältigen zu müssen ist schizophren. Für den Adoptierten gibt es keine Realität. Der Adoptierte wurde nicht ermutigt seinen Verlust zu betrauen, sondern ihn zu verleugnen. Er steckt für immer in der ersten Stufe der Trauer fest.

Der Adoptierte möchte natürlich, dass der Schmerz verschwindet. Man kann den Schmerz des Todes einer geliebten Person nicht nehmen, jedoch kann man lernen den Schmerz zu bewältigen und damit zu leben, wenn man seine Verluste betrauert.

„Ich habe immer gedacht, dass etwas fehlt, aber ich wusste nicht, was es war. Es war nur ein Gefühl der Leere; ein allgemeiner, nicht unterscheidbarer leerer Raum, den ich weder erklären konnte, noch fühlte ich mich dazu in der Lage mit irgendjemandem darüber zu sprechen. Ich dachte, wenn ich jemandem sagen würde, wie ich fühlte, würden sie denken, dass ich verrückt sei. Ich hatte einfach dieses tiefe Loch in meiner Seele und kein Verständnis darüber, warum es dort war, bis ich die Selbsthilfegruppe gefunden habe, in der ich lernte, meine Gefühle zu identifizieren und meine Traurigkeit und Wut über den Verlust meiner leiblichen Mutter auszudrücken. Das Gefühl unvollständig und leer zu sein ist nun verschwunden. Ich habe diesen Teil von mir geheilt und ich habe fast vergessen, dass er jemals existierte. Ich hätte dieses Gefühl niemals durchgearbeitet, wenn es die Selbsthilfegruppe nicht gegeben hätte! Dieses konstante tiefliegende aber allgegenwärtige Gefühl der Leere, Einsamkeit und des Schmerzes war eines der schlimmsten Gefühle, die ich je in meinem Leben hatte und ich bin so glücklich, dass es nun für immer verschwunden ist." Julie, Adoptierte, 37 Jahre.

Die Bearbeitung der Fraktur und ihrer Auswirkungen

Die Fraktur und die Gesellschaft: Weder die Adoptiveltern noch die Gesellschaft wollen, dass der Adoptierte seine Gefühle anerkennt. Dies zu tun, würde den Mythos zerstören, dass es bei einer Adoption keinen Schmerz gibt, dass alle besser dran sind. Der Adoptierte muss lernen seine Gefühle über die Adoption zu betäuben, um mit dem unerträglichen Schmerz umzugehen, den niemand sonst anerkennen will, der ihm aber in der Tat helfen würde zu heilen. Der verwobene Ball oder das Knäuel an verwirrenden, schmerzhaften Gefühlen wird immer dichter geflochten, was es immer schwieriger macht als authentische Person zu funktionieren.

Im Zentrum der Gefühle des Adoptierten ist ein gigantisches Knäuel an verschlungen, ununterscheidbaren Gefühlen. Diese Gefühle versetzen den Adoptierten in Angst und Schrecken, weil sie so tiefgreifend und verwoben sind und sich nur schwer in individuelle Gefühle wie Schmerz, Wut und Traurigkeit trennen lassen. Der Adoptierte mag sich so fühlen, als ob er 17 verschiedene Gefühle zur gleichen Zeit erlebt und er wird nicht in der Lage sein die einzelnen Gefühle zu erkennen, weil sie untrennbar scheinen und die Gefühle alle auf einmal zu erleben für jeden zu viel zu ertragen wäre. Aufgrund der Ur-Wunde und den folgenden Wunden hat der Adoptierte viel Wut und eine entsetzliche Angst vor Trennung und Verlusten und diese Gefühle gehen tief ins Innere. Der Therapeut sollte immer nach der Wut und den Ängsten suchen, da sie in der emotionalen Bandbreite des Adoptierten eingebunden sind.

Wut und Traurigkeit: Der Adoptierte muss irgendwann die Wut und die Traurigkeit über das, was passiert ist, akzeptieren. Die folgenden Dinge nähren alle die Wut und die Traurigkeit:

- Das Gefühl, dass jemand fehlt oder etwas falsch ist. (Nun es fehlt jemand, die wichtigste aller Personen. Seine Mutter und was könnte falscher sein als das?)
- Der Konflikt zwischen den beiden Müttern des Adoptierten, welcher bereits zuvor erwähnt wurde.
- In einen Spiegel zu schauen ist für den Adoptierten wahrhaftig sehr verwirrend. In ein Gesicht zu gucken, das von keinem anderen Gesicht, das der Adoptierte sieht, „gespiegelt" wird. Irgendwo warten die Fragen... wem sehe ich ähnlich? Wo habe ich diese Augen her

oder diese Nase? Und dann unvermeidlich, wer ist sie, wo ist sie und die größte aller Fragen, hat sie mich geliebt und warum hat sie mich abgegeben?

- Partnersuche oder jemandem nahe kommen, bringt Adoptierte in Kontakt mit den Vernichtungsgefühlen. Wenn Adoptierte beginnen jemandem näher zu kommen, beginnen sie sich mehr und mehr in Gefahr zu fühlen, weil sie aufgrund der Erfahrung des Mutterverlusts glauben, dass die Person, der sie nahekommen sie schließlich verlassen wird. Adoptierte tendieren dazu eines von mehreren Mustern zu folgen, die sich aus den drei Traumata ergeben. Entweder vermeiden sie Intimität von vorneherein, verlassen die Beziehungen niemals, egal wie schlecht sie sind oder sabotieren die Beziehungen, wodurch sie die Kontrolle über das Ende erlangen. Geburtstage haben für Adoptierte eine schizophrene Beschaffenheit. Ihnen wird gesagt sie sollen glücklich sein, an dem Tag, der sie an den „Tod" ihrer Mutter erinnert. Wenn sie sagen, dass sie nicht glücklich sind, wird ihnen wahrscheinlich gesagt, dass sie durchaus glücklich sind und sie werden gefragt „Was ist los mit dir, Liebling? Es ist dein Geburtstag, ein glücklicher Tag." Die Adoptierten stecken in der Klemme, eine weitere Zwickmühle, wenn sie sich anpassen oder nicht anpassen. Die Realität ist verschwunden. Sie wird wieder entkräftet und ihre Trauer wird tiefer vergraben.

- Jede wahrgenommene Ablehnung oder Verlassenwerden oder irgendetwas, das auf eine Art von Trennung hinweist, wie beispielsweise gescheiterte Beziehungen, Bambi oder andere Märchen lesen oder ansehen, in ein Ferienlager fahren, der erste Schultag, Tod oder einfach andere Personen zu sehen, die wie ihre Familien aussehen, kann Wut und Verzweiflung für Adoptierte auslösen. Jedes dieser oder ähnliche Ereignisse können sehr starke Emotionen für Adoptierte auslösen und Adoptierte werden darauf reagieren, indem sie das Bedürfnis haben sehr anhänglich zu sein, andere wegstoßen oder auch beide Verhaltensweisen gleichzeitig aufweisen.

Der durchschnittliche Adoptierte wird seine Wut, seinen Schmerz und Traurigkeit oder seine Verlustangst nicht bemerken, weil es ihn an das Zentrum des gigantischen Knäuels an verwobenen Gefühlen bringt, die Gefühle der *Fraktur.*

Hinsichtlich der Verlustängste kann sich der durchschnittliche Adoptierte durch eine Straßenlaterne abgelehnt „fühlen". Die Verlustangst ist so tief in der Persönlichkeit des Adoptierten verwurzelt, dass sie ohne ersichtlichen Grund zum Vorschein kommen kann. Der Adoptierte beendet ein Telefonat, legt auf und irgendetwas in seiner Psyche sagt, dass die Beziehung zu der Person, mit der er gerade gesprochen hat, zu Ende sei. Er hat das Gefühl, dass er irgendwie irgendwas falsch gemacht und die Freundschaft „zerstört" habe. Dann findet er vielleicht eine Ausrede, um noch einmal anzurufen, um herauszufinden, welche Reaktion er bekommt, hoffentlich eine gute, um sich zu beweisen, dass er keinen Fehler gemacht und die Beziehung nicht verloren hat.

Die Schwierigkeit des Adoptierten ein authentisches Leben zu führen

„Wenn ich meine Gefühle nicht kenne, erlebe oder verstehe, wie kann ich dann fühlen, dass ich real bin?" „Wie kann ich ein authentisches Leben führen, wenn ich meine eigenen Gefühle nicht kenne?" „Wenn ich mich nicht real fühle, ist mein Leben ein Traum?" Dies sind Fragen, die sich Adoptierte stellen können. Adoptierte können kein authentisches Leben führen, ohne über die Tatsachen ihrer Herkunft aufgeklärt zu sein. Für den durchschnittlichen Adoptierten wurde jeder andere geboren außer er. Er fühlt sich, als ob er geschlüpft sei oder vielleicht vom Mars kommt. Da der Adoptierte von den Gefühlen der *Fraktur* abgetrennt wurde, kann er sich nicht selbst treu bleiben. Er weiß nicht, was ihn antreibt und geht grundsätzlich „blind" gegenüber dem, was wirklich in seinem Inneren vorgeht, durch sein Leben.

Eine der Hauptaufgaben der therapeutischen Arbeit, in einer Selbsthilfegruppe oder Therapie, ist es für den Adoptierten mit all den Emotionen, die ihn antreiben in Kontakt zu kommen; all die versteckten Gefühle, die er über sich selbst, seine beiden Mütter und die Welt hat. Wenn er anfängt in der Lage zu sein dies zu tun, beginnt er auch auf eine Art authentisch oder real zu werden, wie er es ohne diesen Prozess niemals hätte werden können. Er fängt an die Welt zu „sehen" und zu erleben, anstatt nur in ihr zu existieren. Dies ist eine sehr schwierige Arbeit, weil die versteckten Gefühle so mächtig sind. Dieser Prozess muss vorsichtig stattfinden und mit Respekt für die Angst vor der Angst vor diesen stärksten Emotionen.

Da sie das Trauma der Trennung von ihrer leiblichen Mutter erlebt haben, ist es für Adoptierte weit verbreitet durch ihr Leben zu gehen, indem sie auf einem Drahtseil balancieren, das sie nicht sehen können. Wie es bei Traumaopfern üblich ist, haben Adoptierte oft das Gefühl, dass das ursprüngliche Trauma erneut geschehen wird. Schließlich ist es bereits einmal geschehen und sie wissen nicht warum. Um sich selbst zu schützen, vollführt der Adoptierte einen Drahtseilakt. Aber wo setzt er seinen Fuß als Nächstes auf? Er denkt und er „weiß", dass er die ursprüngliche Katastrophe verursacht hat, aber nicht wie er es verursacht hat. Er fragt sich, was er falsch gemacht hat und wie kann er vermeiden es erneut zu tun? Er muss sich in seinem Leben so verhalten, dass er vermeidet es erneut zu tun. Er geht sehr vorsichtig voran und fühlt immer nach dem Drahtseil. Diese Art zu leben, bedeutet, dass man immer auf dem Sprung ist und die extreme Wachsamkeit der Kindheit aufrecht hält, immer mit der Angst, dass etwas schief gehen könnte. Der Adoptierte ist anfällig für Panikattacken und Krankheiten im Allgemeinen. Adoptierten könnte es gut tun die Anti-Angst Affirmationen aus Kapitel Eins durchzuführen.

Der Weg aus diesem Dilemma ist, dass der Adoptierte allmählich intellektuell versteht, dass der ursprüngliche Verlust nie wieder passieren kann. Sobald dieses Konzept kognitiv angenommen wird (was nicht immer einfach ist), kann die Arbeit mit dem Inneren Kind genutzt werden, um diese schmerzhafte Art zu leben zu verändern.

Irgendwann wird sich der Adoptierte während des Heilungsprozesses zu einem sehr jungen Alter zurückentwickeln, eine fetale Position annehmen und sich und dem Therapeuten gegenüber tatsächlich wie ein kleines Kind vorkommen. Sobald er mit den Inneren-Kind-Gefühlen aus seiner frühsten Kindheit in Kontakt kommt, wird sein Körper und Geist die Persona des Alters annehmen, zudem er regrediert ist. Er wird sich wie ein Baby verhalten und (inhaltlich) sprechen wie ein Baby; seine Stimme kann sogar babyhaft klingen. Diese Zeiten bieten die Möglichkeit intensiver Heilung des Inneren Kindes, dem Adoptierten zu helfen zu wissen und zu verstehen, dass er liebenswert ist und nicht in anhaltender Gefahr eine Katastrophe zu erleiden, wie er annimmt. Die Arbeit, die während dieser Regressionen gemacht werden kann, ist von großer Bedeutung auf seiner Reise zur Vollständigkeit.

Es gibt viele psychologische Parallelen zwischen Adoptierten und Personen, die sexuell, körperlich oder emotional missbraucht wurden. Einfach gesagt sind alle Überlebende. Abgesehen von dem auslösenden Ereignis haben die meisten Überlebenden die gleichen Schwierigkeiten zu überwinden; das fehlende Gefühl der Liebenswürdigkeit, häufige Gefühle in Gefahr zu sein, unbegründete Angst, Schwierigkeiten mit Beziehungen etc. Die Ursachen sind unterschiedlich und die Arbeit ist unterschiedlich, jedoch sind die „Symptome" sehr ähnlich. Es ist wichtig immer die Tiefe der Wunde und den Respekt für die Schwierigkeiten des Heilungsprozesses vor Augen zu haben. Alle Adoptierten müssen behandelt werden als hätten sie gerade einen Unfall erlebt und als befänden sie sich nun in der Notaufnahme. Wie ein Opfer eines Autounfalls, das sich im Schock befindet, können sie durchaus die Notwendigkeit der Behandlung verweigern, da Adoptierte sich ebenfalls oftmals nicht darüber im Klaren sind, dass sie verletzt sind, geschweige denn über die Tiefe der Wunde, die sie erlitten haben. Adoptierte müssen ihren Heilungsweg mit Vorsicht beschreiten und verstehen, dass sie mächtige und beängstigende Gefühle wecken werden. Es kann einiges getan werden, um die Art und Weise, in der Adoptierte heute durch ihre tragische Erfahrung des frühen Verlusts ihrer leiblichen Familie beeinflusst werden zu verändern, wenn die Arbeit behutsam geschieht, in einer Geschwindigkeit, die angenehm für sie ist.

Hier sind einige Wege sich dem verschlossenen Schrank voller beängstigender Emotionen zu nähern:

Der Adoptierte stellt sich eine Orange vor. In der Orange befindet sich die ganze verwobene Bandbreite an Emotionen, das unaussprechliche Knäuel des Schmerzes durch die Trennung und den Verlust der Mutter. Alle Fäden dieses Knäuels an Schmerz sind ineinander verwoben. Im Inneren der Orange sind sie sicher verschlossen. Der Orangenball hat eine kleine Tür mit einem großen Schloss, das nur geöffnet werden kann, wenn sowohl der Therapeut als auch der Patient darin übereinstimmen. Der Türgriff ist so groß, dass selbst ohne ein Schloss ein kleiner Fingerdruck ausreichen wird es verschlossen zu halten. Der Therapeut erklärt, dass die Gefühle des Adoptierten alle verwirrend und ineinander verschlungen sind, so dass es schwierig ist seine Gefühle zu verstehen. Der

Adoptierte entfernt das Schloss, aber behält den Finger an der Tür, nur zur Sicherheit. Vergewissere dich, wie es dem Adoptierten geht. Kein Faden ist so mächtig, dass er nicht untersucht werden kann. Der Adoptierte wird gefragt, was den Faden zu fühlen entspricht. Der Therapeut erklärt, dass sich die Macht dessen, was in der Orange verbleibt, jedes Mal, indem er sich dies kontrolliert anschaut, verringert. Der Therapeut versichert dem Adoptierten, dass er niemals etwas hervorholen oder erleben lassen wird, das er nicht bewältigen kann. Dies hilft dem Adoptierten die Verantwortung für seine Emotionen zu übertragen.

Alternativ kann der Adoptierte sich eine Kaugummiballmaschine mit vielen verschiedenfarbigen Kaugummibällen vorstellen. Jede Kaugummiballfarbe repräsentiert ein anderes Gefühl. Die Kaugummiballmaschine ist so gebaut, dass immer nur ein Kaugummi kommt. Ein weiteres kann nicht hervorkommen, bis das Erste untersucht wurde. Der Adoptierte setzt dies wie oben beschrieben fort und ersetzt den Kaugummiball durch die Fäden im Inneren der Orange.

Diese Arbeit mit den Kaugummibällen oder dem Orangenball zu machen, wird Adoptierten helfen zu verstehen zu beginnen, dass sie nicht sterben oder zusammenbrechen werden, wenn sie ihre wahren Gefühle fühlen. Sie werden gut auf dem Weg sein ihr Leben in die Hand zu nehmen und werden schließlich wirklich **leben**.

Zusammenfassung

- Die Erfahrung von ihrer Mutter getrennt zu werden, zieht sich durch jeden Aspekt des Lebens der Adoptierten.
- Indem den Adoptierten geholfen wird ihre Gefühle zu durchleben und zu verstehen, warum sie sich so fühlen,

öffnet sich die Tür die Art und Weise wie ihre Erlebnisse ihr Leben beeinflussen zu verändern.

Übung

- Schließe deine Augen und versuche dir entweder den Kaugummiball oder das Knäuel der verwobenen Emotionen vorzustellen. Lasse zufällig einen Ball die Rampe hinunter rollen oder einen Faden der Emotionen nehmen. Welche Emotion repräsentiert der Faden oder der Kaugummiball? Schreibe alles, was dir zu den durch den Kaugummiball oder Faden ausgelösten Emotionen oder Gedanken einfällt, in dein Tagebuch.

Erfahrung des Augenblicks

- Es kann sein, dass du dich gerade sehr ängstlich fühlst. Den Kaugummiball oder den Faden hervorzuholen und zu untersuchen, kann eine sehr mächtige Erfahrung sein. So beängstigend es auch sein mag, es sind nur Gefühle. Schau dich um, um dich zu versichern, dass gerade nichts passiert. Sag dir laut in deinem Kopf: „Es passiert gerade nichts. Es fühlt sich nur so an und wir sind okay." Atme tief ein und sage dir laut in deinem Kopf: „RELAX". Du solltest dich jetzt besser fühlen. Bitte beachte, dass auch wenn die Emotionen sehr stark sind, du wirklich überlebt hast. Die Emotionen haben dich nicht verletzt. Du hast sie lediglich erlebt. Das nächste Mal, wenn du sie erlebst, wird es etwas einfacher und weniger beängstigend sein.

Teil Drei:

Heranführung an gesündere Adoptionen

Teil Drei ist ein Wunschzettel für gesündere Adoptionen und Adoptierte, mit dem Rat zu offenen Adoptionen und regelmäßigen Vorsorgeuntersuchungen der seelischen Gesundheit durch eine Fachkraft während der Entwicklung des Kindes. Der Zweck dieser Vorsorgeuntersuchung ist ähnlich wie bei Zahnvorsorgeuntersuchungen, nämlich die Probleme im Keim zu ersticken. Diese Vorsorgeuntersuchungen geben dem Therapeuten die Möglichkeit zu sehen, wie der Bindungsprozess zu den Adoptiveltern vorangeht, und bieten dem Kind die Möglichkeit schwierige und verwirrende Gefühle auszudrücken, bevor sie verdrängt werden.

Kapitel 16:

Ein Wunschzettel

1) Es sollte alles dafür getan werden die leibliche Familie intakt zu halten. Wenn das nicht möglich ist, sollte die nächste Wahl sein das Baby im erweiterten Familienkreis zu behalten, immer mit der Priorität sicherzustellen, dass das Baby in einer sicheren und fürsorglichen Umgebung sein wird.

2) Alle Adoptionen sollten von Beginn an offene Adoptionen sein. „Offen" bedeutet regelmäßige Kontakte zur leiblichen Mutter während der Kindheit und Jugend, unter der Bedingung, dass das Kind immer sicher und niemals in Gefahr ist. Wenn nötig, sind begleitete Besuchskontakte besser als gar keine.

Mythen:
- Kinder müssen nicht wissen, woher sie kommen.
- Regelmäßig Kontakt zur leiblichen Familie zu haben, wäre zu verwirrend und destruktiv für das Adoptivkind und seine Familie.

Fakten:
- Jede Person muss die Wahrheit über ihre Herkunft wissen.
- Regelmäßiger Kontakt mit der leiblichen Familie ist weniger verwirrend als gar kein Kontakt und wird einen

Großteil des Schmerzes und der Probleme, denen Adoptierte im Leben gegenüberstehen, reduzieren.

3) Dem Kind sollten niemals sein Name und seine Herkunft genommen werden. Sein Geburtsname sollte beibehalten werden, es sei denn es gibt rechtfertigende Umstände. Scheidungskinder behalten ihren ursprünglichen Namen, warum nicht auch Adoptivkinder?

4) Das Kind sollte während seiner Entwicklungsstufen regelmäßige *Adoptionsvorsorgeuntersuchungen* haben, um auftauchende Probleme sofort zu verringern. Der Schwerpunkt dieser Vorsorgen wäre (a) zu sehen, wie der Bindungsprozess zu den Adoptiveltern vorangeht; (b) dem Therapeuten die Möglichkeit zu geben einige zielgerichtete Fragen über die Gedanken und Fantasien des Kindes zu stellen und (c) die Eltern-Kind-Interaktionen zu beobachten. Vorsorgeuntersuchungen sollten während des ersten Monats, mit einem Jahr, mit anderthalb Jahren, mit zwei Jahren, nach dem Alter der Exploration, in der Mitte und gegen Ende der ödipalen Phase und im Alter der Kognition (ungefähr zwischen sechs und acht Jahren) stattfinden. Einige Sitzungen zu diesen Zeitpunkten geben dem Kind die Möglichkeit über seine Gefühle und Gedanken zu sprechen und minimieren die Verdrängung. Wenn eine geschlossene Adoption stattgefunden hat, ist dies der Zeitpunkt sie zu öffnen. Die Suche wird die Auswirkungen des fehlenden Selbst minimieren und die Entwicklungsaufgaben vereinfachen.

> „Die Trennung von Mutter und Kind verursacht einen psychischen Schock und sollte niemals geschehen, es sei denn es gibt keine andere Wahl. Die Wunde gibt dem Säugling das Gefühl, dass ein Teil seines Selbst verschwunden ist und lässt ihn mit einem Gefühl der Unvollständigkeit oder dem Fehlen von Authentizität zurück." – *The Primal Wound* – Nancy Newton Verrier

Zwei Mütter zu kennen, ist verwirrend, jedoch nicht so verwirrend wie eine zu kennen und Fantasien über die andere zu haben. Wenn die Suche nicht bereits früher begonnen hat, sollte sie beim ersten Anzeichen der Pubertät sicherlich eingeleitet werden (immer mit Zustimmung und Beteiligung des Kindes), möglichst in Begleitung von Beratung und vielleicht einer Kurzzeittherapie während der Adoleszenz.

Diese *Vorsorgeuntersuchungen* sollten ähnlich betrachtet werden wie vorbeugende zahnärztliche Maßnahmen – nicht als Zeichen, dass etwas nicht stimmt oder dass das Kind irgendwie krank oder geschädigt ist. Natürlich sollten gefundene „Löcher" gefüllt werden. Je mehr es dem Kind erlaubt ist Kontakt zu seiner leiblichen Familie zu haben und je mehr das Kind an Gesprächen über die Adoption und seine Gefühle teilnimmt, desto mehr wird es im Großen und Ganzen ein glücklicheres Adoptivkind mit weniger Problemen sein.

Zusammenfassung

- Offenheit, Ehrlichkeit, Wahrheit und Erhaltung der Familienbande werden eine glücklichere, besser angepasste adoptierte Person fördern.
- Regelmäßige Besuche bei einem Therapeuten, der sich gut mit Adoptionsthemen auskennt, wird viele der Probleme, denen Adoptivfamilien gegenüberstehen, abwehren.

Übung

- Schließe deine Augen und versuche dir vorzustellen, wie es wäre damit aufzuwachsen zwei Müttern zu kennen. Schreibe deine Gedanken und Gefühle in dein Tagebuch.

- Es kann sein, dass du gerade widersprüchliche Gefühle empfindest. Es kann verwirrend wirken darüber
nachzudenken damit aufzuwachsen zwei Mütter zu
kennen. Nun, das wäre es wahrscheinlich, aber versuche mit den Gefühlen die erste Mutter gar nicht zu
kennen in Berührung zu kommen. Dies sind nur Gefühle und so verwirrend sie auch sein mögen, es sind nur
Gefühle der Vergangenheit, mit denen am Besten umgegangen werden kann, indem man sie *nicht* weg-
schiebt. Es kann sein, dass du die Anti-Angst Affirmation am Ende des ersten Kapitels zum gegenwärtigen
Zeitpunkt wiederholen möchtest.

Teil Vier:

Sich Hilfe suchen

Natürlich sind Adoptierte gegenüber den Belastungen, die Nicht-Adoptierte dazu motivieren eine Therapie zu beginnen oder einer Selbsthilfegruppe beizutreten nicht immun. Im Gegenteil, durch die tiefgreifende Störung, die Adoptionen auf die Entwicklung des Selbst, die Fähigkeit zu intimen Beziehungen und die Fähigkeit ein authentisches Leben im Allgemeinen zu leben haben, können Adoptierte von einer Therapie insbesondere *mit einem erfahrenen Therapeuten, der sich mit Adoptionsthemen auskennt*, profitieren. Aus zahlreichen Gründen kann so einen Therapeuten zu finden schwierig sein. Kapitel 17 und 18 behandeln die Gründe für diese Schwierigkeiten und bieten Vorschläge, um die richtige Person zu finden.

Suche und Selbsthilfegruppen bieten eine alternative Heilmethode. Kapitel 19 diskutiert den Nutzen einer Selbsthilfegruppe beizutreten und beschreibt, was man von einer Selbsthilfegruppe erwarten kann.

Kapitel 17:

Die Wahl des richtigen Therapeuten

Leider fehlen dem Großteil der Psychotherapeuten die Fähigkeiten die spezifischen Probleme Adoptierter anzugehen. Da Adoptierte wahrscheinlich glauben Adoption sei für sie kein Thema und oftmals gar nicht erwähnen, dass sie adoptiert sind, ist es einfach für Therapeuten die adoptionsspezifischen Dynamiken zu übersehen.

Viel wichtiger allerdings stellt die Erfahrung eines Adoptierten eine direkte Herausforderung dessen dar, was Therapeuten gelehrt wurde. Es greift auch andere tiefe, oftmals unbewusste Vermutungen an. Die existenzielle Erfahrung eines Adoptierten ist komplett verschieden von der eines Nicht-Adoptierten. Therapeuten haben (es sei denn sie sind selbst adoptiert und haben ihre eigene Adoptionsheilung durchgearbeitet) wenig Erfahrung auf die sie bauen können, um sich mit adoptierten Klienten zu identifizieren. Um diesen Prozess noch weiter zu verkomplizieren, wenn der Therapeut ein Adoptivelternteil ist, kann er ein unbewusstes Interesse daran haben den zerstörerischen Einfluss einer Freigabe/Adoption auf die psychosoziale Entwick-

> „Wenn dein Therapeut unterstützend ist, offen für Infragestellung und nicht versucht dir Antworten aufzuzwingen, dann kannst du zuversichtlich sein... Vertraue in erster Linie deinem Gefühl, wer du bist und was deine Erfahrungen waren. Wenn der Heilungsprozess um etwas geht, dann darum zu lernen dir selbst, deinen Gefühlen und deiner Realität zu vertrauen." – *The Courage to Heal* – Bass & Davis

lung des Kindes anzuerkennen, da er die Konsequenzen der Adoption auf sein eigenes Kind verstehen und anerkennen müsste.

Im Folgenden werden einige Vorschläge dargelegt, wie man einen Therapeuten auswählt, der mit adoptionsbezogenen Themen vertraut oder dafür sensibilisiert ist. Auch wenn sich sehr wenige Therapeuten in diesem Gebiet spezialisieren, sollten es Erfahrungen in anderen verwandten Gebieten wie posttraumatische Belastungsstörung, frühe Mutter-Kind Trennung und Trauerarbeit wahrscheinlich machen, dass ein Therapeut die nötigen Fähigkeiten und Perspektiven hat, um Adoptionstraumata zu bewältigen. Leser werden auch davor gewarnt gewisse offensichtliche Fallen zu vermeiden, wie beispielsweise zu einem Therapeuten zu gehen, der Adoption als Thema unberücksichtigt lässt.

Mythen:

- Jeder gute Therapeut sollte in der Lage sein Adoptierten in einer Therapie angemessen zu helfen.
- Adoptierte, die in einer guten Familie aufgewachsen sind, brauchen keine Therapie. Wenn sie therapeutische Hilfe in Anspruch nehmen, ist es nicht aufgrund des Verlustes ihrer leiblichen Familie.

Fakten:

- Ein besonderes Verständnis über Adoptionsthemen ist nötig, um ein effektiver Therapeut für Adoptierte zu sein.
- Es ist wahrscheinlich, dass alle Adoptierte eine gute Beratung gebrauchen könnten, nicht weil etwas mit ihnen nicht stimmt, sondern weil die Folgen der Trennung von Mutter und Kind so tiefgreifend und zugleich gut getarnt sind.

Jeder der in Erwägung zieht professionelle Hilfe in Anspruch zu nehmen, hat das Recht den potentiellen Therapeuten zu befragen, um denjenigen auszuwählen, der seinen Bedürfnissen entspricht. Der zukünftige Klient hat ein Recht zu erfahren, wann und wo der Therapeut seinen akademischen Abschluss erlangt hat, ob er eine staatliche Lizenz hat, welche Spezialausbildung er gemacht hat und ob er eine Kassenzulassung hat. Der zukünftige Klient hat ein Recht zu wissen, wie viel Erfahrung der Therapeut in der Arbeit mit adoptionsbezogenen Themen hat und ob und welche persönlichen Erfahrungen er mit Adoption gemacht hat. Der zukünftige Klient sollte nach einem Lebenslauf des Therapeuten fragen und auch in Erfahrung bringen, welche Adoptionsliteratur der Therapeut gelesen hat. Wenn der zukünftige Therapeut mit diesen Informationen nicht entgegenkommend ist, kann der Klient sich auch nach einem anderen Therapeuten umschauen.

Es gibt Therapeuten, die ohne jegliche Erfahrung im Adoptionsbereich, eine große Sensibilität für dieses Thema haben. Wenn du Glück hast einen Therapeuten zu finden, der sensibel für diese Themen ist und du dich mit ihm wohlfühlst, kann er durchaus in der Lage sein, dir auf deinem Weg zu helfen.

Wenn du Schwierigkeiten hast einen für dich passenden Therapeuten zu finden, kannst du dich an folgende Ansprechpartner wenden, die dir beispielsweise eine Liste von Psychotherapeuten des jeweiligen deutschen Bundeslandes (mit kassenärztlicher Zulassung) geben können.[21]

1) Hausarzt/Hausärztin
2) Krankenkasse
3) Kassenärztlichen Vereinigung
4) Psychotherapeutenkammer

---

21 AdÜ: Empfehlungen für die Therapeutensuche in Deutschland.

5) Psychotherapie-Informations-Dienst (PID) des Berufs-verbandes Deutscher Psychologen
6) Psychologische/Psychiatrische Notfallambulanz oder Krisendienst
7) Telefonbuch, Gelbe Seiten und Internetsuchmaschinen (z. B. www.therapeuten.de)
   (Ärzte für Psychiatrie und Psychotherapie, Ärzte für Psycho-analyse und Psychotherapie, Ärzte für Psychotherapeuti-sche Medizin, Ärzte für Psychotherapie, Psychologie, Psy-chologische Beratung, Psychologische Psychotherapeuten, Psychosomatik, Psychotherapie, Psychotherapie: Kinder- und Jugendpsychotherapeuten sowie Psychotherapie: Psy-chologische Psychotherapeuten)
8) Empfehlungen aus der Adoptions-Selbsthilfegruppe

Zusammenfassung

- Es ist wahrscheinlich, dass jede von einer Adoption be-troffene Person von Gesprächen mit einem Therapeu-ten über die Auswirkungen der Adoptionserfahrung profitieren könnte.
- Ein besonders Verständnis und Sensibilität in Bezug auf Adoptionsthemen ist nötig, um ein effektiver Thera-peut für von Adoption betroffene Personen zu sein.
- Es ist dein Recht zukünftige Therapeuten zu befragen, bis du einen findest, der zu dir passt.

Kapitel 18:

Aus Sicht des Therapeuten

Wenn es keine Anzeichen gibt, die etwas anderes indizieren, sollten Adoptierte als Patienten mit posttraumatischer Belastungsstörung behandelt werden. Der Verlust der Mutter zu Beginn ihres Lebens war ein traumatisches Ereignis höchsten Grades und muss als solches respektiert werden.

Was ist anders bei der Behandlung Adoptierter?

1) Wenn der Therapeut nicht aufmerksam ist, kann er übersehen, dass Adoption ein Thema ist oder sogar, dass der Klient adoptiert ist.

> Wenn ein Therapeut in seiner Kindheit misshandelt oder irgendwie verlassen wurde und wenn der Therapeut seine eigenen Probleme nicht bearbeitet hat, wird er wahrscheinlich den intensiven Schmerz seines Klienten nicht aushalten können und daher als Therapeut erfolglos sein.

2) Die adoptierte Person wird wahrscheinlich wie jede andere Person mit einer dysfunktionalen Familie (oder ein anderer Überlebender) wirken, die sich nicht an ihre Kindheit erinnern kann.

3) Adoptierte sagen oft „Adoption ist kein Problem" und viele Therapeuten akzeptieren dies. Es kann nicht kein Problem sein und muss exploriert werden.

Mythen:
- Es ist kein besonderes Wissen nötig, um Adoptierte zu behandeln. Sie sind genauso wie jeder andere.

Fakten:
- Besonderes Wissen ist nötig um Adoptierte zu behandeln, da die Psyche eines Adoptierten anders ist.

4) Die Erfahrungen von adoptierten und misshandelten Patienten ähneln sich, auch wenn der Adoptierte nicht im üblichen Sinne „misshandelt" wurde. Die Folgen der Ur-Wunde und der folgenden *Fraktur* sind so tiefgründig, dass adoptierte Personen als Überlebende angesehen werden sollten, ähnlich wie diejenigen, die misshandelt wurden.

5) Adoptierte sind gezwungen in der ersten Stufe der Trauer zu verharren (d. h. Verleugnung). Die leibliche Mutter ist „gestorben", aber dem Adoptivkind wird nicht erlaubt zu trauern. Es gibt keinen Abschluss.

6) Es gibt eine Doppelbindung, eine schizophrene Beschaffenheit für das Leben eines Adoptierten. Meine leibliche Mutter ist tot, sie ist nicht tot; Ich wurde geboren, aber ich wurde nicht geboren; Geburtstage sind ein glücklicher Zeitpunkt, sie sind ein trauriger Zeitpunkt.

7) Es gibt eine besonders irreale Eigenschaft der Gefühle eines Adoptierten. Da ihre Gefühle in einen gigantischen Ball nicht unterscheidbarer Emotionen verwoben sind, haben Adoptierte große Schwierigkeiten ihre Gefühle zu trennen oder sie überhaupt zu erleben.

8) Adoptierte erleben besondere Schwierigkeiten ein authentisches Leben zu führen.

9) Es ist schwieriger einen Adoptierten dazu zu bekommen dem Therapeuten zu vertrauen und zu glauben, dass der Therapeut verstehen und nachempfinden kann - weil der

Therapeut oftmals nicht nachempfinden kann und möglicherweise nicht will.

a) Die Erfahrung eines Adoptierten greift vieles von dem an, was Therapeuten beruflich gelernt haben, ebenso wie viele tief verwurzelte Annahmen. Wenn der Therapeut nicht glauben möchte, was hier geschrieben steht, muss er sich fragen warum. Viele Adoptierte wollen die Theorie der Ur-Wunde nicht glauben – wahrscheinlich wollen die meisten der in eine Adoption involvierten Personen sie auch nicht glauben.

b) Unter Umständen sind Therapeuten auch Adoptiveltern, die sich nicht mit ihren eigenen Gefühlen der Unfruchtbarkeit auseinandergesetzt haben. Darüber hinaus sind Therapeuten für ihre Klienten sowieso wie Adoptiveltern, daher wird die Übertragung für die Klienten sehr schwierig werden. (Der Konflikt zwischen zwei Müttern, wenn der Therapeut hin und herwechselt, diese Mütter repräsentiert, ist gewaltig.) Der Therapeut wird auch mit größerer Wahrscheinlichkeit eine starke Gegenübertragung erleben, selbst wenn er kein Adoptivelternteil ist, was die Schwierigkeit mit dem Adoptierten zu arbeiten noch verstärkt.

10) Die existenzielle Erfahrung eines Adoptierten unterscheidet sich völlig von der eines Nicht-Adoptierten. Daher hat der Therapeut oft keine Ahnung davon und kann sich nicht einmal vorstellen, wie die innere Welt des Klienten aussieht.

11) Wenn adoptiert zu sein so ist wie vom Mars zu sein, ist eine Wiedervereinigung wie auf dem Jupiter zu leben. Die Wiedervereinigung steigert die surrealistische Lebensqualität des Adoptierten exponentiell. In der Phase nach der Wiedervereinigung verändert sich das Ich des Klienten schneller als der Sekundenzeiger auf der Uhr. Die regressiven Zustände

des Adoptierten können sich so schnell verändern, dass der Therapeut nicht mithalten kann.

12) Wenn eine Wiedervereinigung für den Adoptierten und seine Mutter in Betracht gezogen wird, wird der Therapeut mit jemandem zusammenarbeiten, der seine Mutter zum allerersten Mal bewusst treffen wird. Es gibt nichts in der Ausbildung des Therapeuten oder in der Lebenserfahrung des Klienten, das einen der beiden auf dieses Ereignis vorbereitet.

13) Der Therapeut muss das Konzept akzeptieren, dass der beste Weg für einen Adoptierten, um abzuschließen eine (sorgfältig geplante) Wiedervereinigung ist.

14) Der Therapeut sollte dem Klienten möglichst auch helfen eine Selbsthilfegruppe zu finden. Viele Adoptierte haben nie wissentlich mit einer anderen adoptierten Person gesprochen und können panische Angst davor haben. Die Umgebung einer Selbsthilfegruppe wird sehr wahrscheinlich aus sich heraus heilsam sein.

15) Dem Therapeuten könnte es helfen Selbsthilfegruppentreffen zu besuchen, intensiv Adoptionsliteratur zu lesen und Adoptionskonferenzen zu besuchen, um die Arbeit, die mit jedem Klienten, der von Adoption betroffen ist, nötig ist, wirklich verstehen zu beginnen.

Zusammenfassung

- Die Erfahrung der von Adoption betroffenen Personen ist außergewöhnlich und jeder Therapeut, der mit Angehörigen der Triade arbeiten möchte, wäre gut beraten zunächst seine „Hausaufgaben" zu machen, bevor er versucht Klienten zu helfen, die mit Adoption in Berührung gekommen sind.

Kapitel 19:

Eine Selbsthilfegruppe finden

Adoptierte haben einen Großteil ihres Lebens damit verbracht ihre Gefühle bezüglich der Adoption zu unterdrücken, so dass viele mit niemanden über ihre Erfahrung gesprochen haben, insbesondere nicht mit anderen Adoptierten. Wie bei den Anonymen Alkoholikern oder anderen Gruppen, die ein gemeinsames Problem teilen, stellen Adoptions-Selbsthilfegruppen eine Möglichkeit für Adoptierte dar diese Gefühle mit anderen zu explorieren, die sie auf eine Weise nachempfinden können wie es kein Nicht-Adoptierter, nicht einmal ein erfahrener Therapeut, kann. (Du kannst gerne noch einmal zurückkehren und das **Willkommenskapitel** am Anfang des Buches lesen, um ein Gefühl für ein Selbsthilfegruppentreffen zu bekommen.)

> „Eine gute Selbsthilfegruppe sollte ein sicherer und respektvoller Rahmen sein, in dem jedes Mitglied wertgeschätzt wird. Du solltest dich akzeptiert fühlen und frei über deine Erfahrungen und Gefühle sprechen können. Der Fokus sollte auf dem individuellen und einzigartigen Heilungsweg jedes Teilnehmers liegen." – *The Courage to Heal* – Bass & Davis

Manche Selbsthilfegruppen sind offen für alle Mitglieder der Adoptionstriade d. h. Adoptierte, leibliche Eltern und Adoptiveltern. Die Möglichkeit mit leiblichen Müttern zu interagieren, so verstörend das anfangs sein mag, ist unschätzbar für einen Adoptierten, der die Motivation und Gefühle über die Freigabe durch seine eigene leibliche Mutter verstehen möchte. Natürlich können nicht nur Adoptierte, sondern alle Mitglieder der Triade enorm von einer Selbsthilfegruppe profitieren, die aus allen Personen besteht, deren Leben durch Adoption betroffen wurden.

Herkunftssuche und Selbsthilfegruppen sind eine Quelle praktischer Hilfen bei der Bewältigung von adoptionsbezogenen Problemen. Hilfe durch Selbsthilfegruppen ist eine Notwendigkeit für diejenigen, die versuchen ihre leiblichen Eltern zu suchen oder Kinder zur Adoption freizugeben. Sie bieten sowohl Hilfe mit der schwierigen Logistik der Suche als auch den überschwemmenden emotionalen Auswirkungen des Such- und des Wiedervereinigungsprozesses.

Adoptionssuche- und Selbsthilfegruppen verbreiten sich immer mehr, auch in kleineren Städten[22]. Dieses Kapitel diskutiert die Vorteile und Erfahrungen einer Beteiligung in einer dieser Selbsthilfegruppen.

Mythen:
- Jeder, der zu einer Selbsthilfegruppe geht, ist schwach.
- Selbsthilfegruppen sind wie Therapie.
- Selbsthilfegruppen sind wie ein Verein.

Fakten:
- Nur starke Leute gehen zu Selbsthilfegruppen.
- Selbsthilfegruppen sind nicht wie Therapie, auch wenn sie therapeutisch sein sollen.
- Selbsthilfegruppen sind keine Vereine. Sie bestehen aus Personen mit gemeinsamen Zielen und Erfahrungen, die sie zusammenbringen, um einander zu helfen und zu unterstützen.
- Der Besuch einer Selbsthilfegruppe ist der wichtigste Schritt, den jemand bei der Suche unternehmen kann.

---

22 AdÜ: Dies ist in der Bundesrepublik Deutschland noch nicht der Fall.

Die Suche ist der einfache Teil. Mit den Emotionen umzugehen, ist der schwierige Teil.

══

Die meisten Adoptions-Selbsthilfegruppen finden im Zuhause der Personen statt und sind nicht in Telefonbüchern gelistet. Kontaktiere *United Way* oder *Self-Help Clearing House*[23] und frage dort nach Selbsthilfegruppen in deiner Gegend.[24]

Im Internet nach einer Selbsthilfegruppe zu suchen, kann ebenfalls erfolgreich sein. Chat Gruppen im Internet können sehr hilfreich sein, jedoch ein persönliches Selbsthilfegruppentreffen nicht ersetzen.

Selbsthilfegruppen sind kein Ersatz für eine Therapie und eine Therapie macht eine Selbsthilfegruppe nicht überflüssig. Sowohl eine Therapie zu machen als auch gleichzeitig an einer Selbsthilfegruppe teilzunehmen ist synergetisch. Das bedeutet, dass die Vorteile der beiden zusammen viel wirkungsvoller sind als die Vorteile von einem der beiden alleine. Eine Selbsthilfegruppe bietet die Möglichkeit mit anderen zu sein, die eine ähnliche Erfahrung teilen und die auf eine Weise empathisch sein können wie jene, die diese Erfahrung nicht teilen, es niemals sein können.

Eine Selbsthilfegruppe bietet die Möglichkeit gewaltiger Veränderungen und Heilung. Wenn du gelegentlich einen sicheren Ort wie eine Selbsthilfegruppe hast, um deinen Schmerz, deine Wut und deine Traurigkeit auszudrücken, wirst du weniger ängstlich sein, es ist weniger wahrscheinlich, dass du depressiv wirst und du wirst besser in der Lage sein mit den Schwierigkeiten des Lebens umzugehen. Das ist einer der

---

23 AdÜ: In Deutschland beispielsweise über die Unabhängige Patientenberatung Deutschland .
24 AdÜ: In Deutschland lassen sich Selbsthilfegruppen über die Bundesarbeitsgemeinschaft Adoptierter (BARGEA) finden.

vielen verborgenen Vorteile deine versteckten Gefühle rauszulassen. Nachdem du diese Arbeit für eine Weile gemacht hast, gibt es, wenn du doch deprimiert wirst (abgesehen von einer klinischen Depression), einige Möglichkeiten, die du wählen kannst. Du kannst dir aussuchen weiterhin deprimiert zu sein und dich miserabel fühlen. Oder du kannst dir aussuchen nicht mehr deprimiert zu sein. Dir laut in deinem Kopf zu sagen (das ist eine Art mit dem Unterbewusstsein zu sprechen), dass du dich weigerst deprimiert zu sein, wird oftmals helfen. Die dritte Wahl ist deprimiert zu sein, es jedoch zu genießen. Zieh ein altes Lieblingssweatshirt an, such dir ein Lieblingsbuch oder Lieblingsfilm aus oder Musik, die du gerne hören möchtest. Mache dir beispielsweise ein besonderes Essen. Behandle dich selbst (und dein Inneres Kind) genauso wie du als Kind, dem es nicht gut geht, behandelt werden möchtest. Bemuttere dich. Versuch es. Es wird dir wahrscheinlich gefallen!

Zusammenfassung

- Selbsthilfegruppentreffen sind der wichtigste Bestandteil deiner Suche.
- Selbsthilfegruppentreffen und Therapie ergänzen einander und werden dir helfen schneller zu heilen, als wenn du nur eins von beidem wahrnimmst.

Übung

- Versuche dir vorzustellen zu einem Selbsthilfegruppentreffen zu gehen. Welche Gefühle steigen in dir auf? Versuche deine Antworten in deinem Tagebuch aufzuschreiben.

- Es kann sein, dass du Angst davor verspürst zu einem Treffen zu gehen oder gar wie gelähmt bist. Die meisten Personen haben Angst vor dem ersten Mal. Vergiss nicht, dass alle bei dem Treffen im gleichen Boot sitzen; jeder hat eine ähnliche Erfahrung durchlebt. Tatsächlich wird sich eine Selbsthilfegruppe wahrscheinlich wie der sicherste Ort auf der Welt anfühlen. Es ist ein Ort, wo *du* verstanden werden wirst, vielleicht zum ersten Mal.

Teil Fünf:

Die Herausforderung der Heilung

Die meisten Adoptierten wachsen in einem Zuhause auf, in dem über seinen Schmerz, seine Wut oder seine Traurigkeit über die Adoption zu sprechen nicht erlaubt ist. Das Tabu Adoption nicht zu besprechen, war oftmals non-verbal oder indirekt. Wenn das der Fall war, dann kennen diese Adoptierten die Sprache der Adoption nicht und haben keinen Weg ihre Erfahrung auszudrücken. Der erste Schritt in der Heilung der *Fraktur* ist es eine Sprache zu entwickeln, die es einem erlaubt seine Gefühle und seine Gedanken über seine Erfahrung zu beschreiben. Größtenteils sprechen wir nicht über Gefühle, die mit der Adoption zusammenhängen, sondern eher über Gefühle, die damit zu tun haben die leibliche Familie verloren zu haben.

> „Ob wir es bemerken oder nicht Adoption ist das Fenster, durch das wir die Außenwelt sehen. Wenn wir den kindlichen Teil in uns ehren, sehen wir das Fenster, nehmen uns die Zeit es zu öffnen und benötigen weniger Pflaster, um den Schaden des Versuchs einfach durchzuackern, als wenn es nicht existieren würden, zu reparieren." –
> *The Bridge Less Traveled* – Anderson & Tucker

Es kommt häufig vor, dass Adoptierte sich über jegliche Gefühle über ihre Adoption nicht bewusst sind oder vielleicht nur über ein Gefühl der Unruhe bewusst sind. Gefühllos zu sein, ist ein Weg Schmerz zu vermeiden. Es kann dem Adoptierten gute Dienste leisten, solange er klein ist, aber als

Erwachsene müssen wir unsere wahren Gefühle fühlen, um das Leben wirklich zu leben. Wenn wir mit Angst vor unseren Gefühlen aufgewachsen sind, dann müssen wir lernen, dass sie uns nicht umbringen werden. Wir werden nicht durch unsere Gefühle ausgelöscht. Es mag sich anfangs so anfühlen, jedoch können wir mit der Zeit lernen, dass wir nicht davon sterben unsere wirklichen Gefühle zu fühlen. Wir müssen lernen, dass es in Ordnung ist wütend zu sein und es auszudrücken; dass es in Ordnung ist traurig zu sein und es auszudrücken; dass es Mut erfordert, um zu weinen. Es ist kein Zeichen von Schwäche. Auch wenn es sich so anfühlt, wenn wir es uns erlauben zu weinen, werden wir nicht für immer weinen und unsere Herzen werden auch nicht an dem Schmerz zerbrechen.

Stell dir noch einmal vor, dass du zum Arzt gehst, weil du ganz furchtbare Bauchschmerzen hast (und du Angst hast, dass es tödlich ist, weil es sich so anfühlt). Der Arzt sagt „Beruhige dich, es ist nur eine Magenverstimmung, nimm etwas Maalox." Der Schmerz wird der gleiche sein, aber dein Erleben des Schmerzes verringert sich enorm und du wirst keine Angst mehr haben. Genauso ist es mit der Angst vor unseren Emotionen. Wenn du lernst, **was** du fühlst und **warum**, wird die Art und Weise wie du deine Gefühle erlebst sich verändern und die Angst verringert sich. Schließlich kannst du aufhören Angst vor deinen Gefühlen zu haben und dann ändert sich die ganze Welt für dich. Stell dir vor, wenn du **keine** Angst mehr vor deinen eigenen Gefühlen haben wirst!

Einige Adoptierte sind sich darüber bewusst etwas zu fühlen, können jedoch nicht beschreiben, was sie fühlen. Du musst langsam beginnen dein inneres Selbst zu untersuchen. Eine Selbsthilfegruppe funktioniert bei dieser Art der Veränderung am Besten. Du musst verschiedene Worte für die Gefühle ausprobieren und schauen, ob sie passen. Das kann einige Zeit dauern. Bedenke, dass du vielleicht glaubst, dass es falsch ist Wut oder Traurigkeit zu fühlen, dass es respektlos oder „nicht nett" ist oder dass du es nicht solltest. Tatsache ist, dass Gefühle nicht als richtig oder falsch beurteilt werden sollten. Gefühle sind einfach und du musst in der Lage sein sie zu identifizieren und laut auszusprechen.

Stell dir vor du gehst zum Arzt und er fragt dich, warum du dort bist. Du antwortest, dass du Schmerzen hast und er fragt dich, wo du Schmerzen hast und du sagst du weißt es nicht. Oder du sagst du hast Bauchschmerzen und er bittet dich den Schmerz zu beschreiben und du sagst, dass du es nicht kannst. Dein Arzt wäre nicht in der Lage dir großartig zu helfen, weil dir die Vokabeln fehlen, um über den körperlichen Schmerz zu sprechen.

Wenn du deine Gefühle laut aussprichst, werden sie zum ersten Mal real. Wenn die Gefühle real werden, kannst du beginnen zu verstehen, warum du fühlst, was du fühlst; und wenn du verstehst, warum du fühlst, was du fühlst, kannst du beginnen die Art und Weise, wie deine Erfahrung dich beeinflusst zu verändern.

Wirkliche Heilung kann erst geschehen, wenn du weißt, wo du Schmerzen hast, warum du Schmerzen hast und wie das Ausmaß des Schmerzes ist. Du musst den Schmerz, die Wut und die Traurigkeit darüber deine leibliche Familie verloren zu haben nicht herunterspielen. Wenn du das Geschehene verharmlost, neigst du dazu Pflaster aufzukleben und Pflaster lösen keine Probleme, sie verdecken sie nur.

Es ist wichtig sich vor Augen zu führen, dass du die unantastbarste Beziehung verloren hast, die jemals existieren kann und dass es in Ordnung ist starke Gefühle über den Verlust zu erleben.

Wenn deine leiblichen Eltern bei einem Autounfall ums Leben gekommen wären, als du wenige Tage alt warst und wenn du aufgrund dessen von Verwandten großgezogen worden wärest, würde jeder anerkennen, dass du dein Leben auf eine sehr traurige Weise begonnen hast. Du hättest Bilder und ein Grab, das du besuchen könntest und man würde dir erlauben und dich sogar dazu ermutigen deine traurigen Gefühle und deine Wut auszudrücken. Sobald jedoch das Wort Adoption ins Spiel kommt, sehen die meisten Leute den Verlust als nicht so schlimm oder überhaupt als einen Verlust an. Aus der Perspektive des Kindes ist die Erfahrung allerdings die gleiche: Der Verlust seiner Mutter ist das Gleiche wie ein physischer Tod. Wenn ein psychologischer Tod geschieht, ist es genauso traurig, genauso tragisch und muss genauso betrauert werden, wenn nicht noch mehr. Dies zu verleugnen, bedeutet die Realität zu verleugnen und verhindert Trauerarbeit und Trauerarbeit ist ein wichtiger Teil der Heilung.

Als typischer Adoptierter fühlst du dich nicht sicher in der Welt, du fühlst dich oft verletzlich und es kann sein, dass du von Zeit zu Zeit Panikattacken erlebst. Es braucht in der heutigen Welt nicht viel, damit wir das Gefühl haben der ursprüngliche Verlust geschieht erneut. Das Gefühl den Verlust unserer Mutter bei der Geburt erneut zu erleben, ist eines der Merkmale eines Traumaüberlebenden. Da wir damals keine Worte hatten, wissen wir in der Regel nicht, was wir fühlen, wenn wir eine Panikattacke haben. Wir haben lediglich Todesangst. Wir müssen wissen, was wir uns selbst sagen können, wenn wir einige dieser Emotionen fühlen, einige der mächtigsten Emotionen der Welt.

Die meisten Adoptierten glauben, dass sie abgegeben wurden, weil etwas mit ihnen nicht stimmte. Wenn du zur Adoption freigegeben wirst, dann warst du fehlerhaft und der Fehler war, dass du nicht liebenswert warst. (Die Ursache der *Fraktur*) Die Persönlichkeit des Adoptierten beruht auf dieser falschen Überzeugung. Um zu heilen, müssen wir das falsche Überzeugungssystem korrigieren.

Der erste Schritt in der Heilung der *Fraktur* ist es für den Adoptierten das Konzept zu verstehen, dass nichts ein Baby nicht liebenswert machen kann. Der Adoptierte muss diese Tatsache intellektuell wirklich verstehen. Dann und nur dann, wenn das Wissen intellektuell fest etabliert ist, kann der Adoptierte den nächsten Schritt seiner Heilung gehen, indem er lernt an seine eigene Liebenswürdigkeit auf einem emotionalen Level zu glauben. Sobald der Adoptierte für diesen emotionalen Schritt bereit ist, kann er Folgendes tun und zu sich sagen: Stell dir dein jüngeres Selbst gedanklich vor, male dir das junge Kind, das du gewesen bist, aus und **sage dir laut** in deinem Kopf „Du bist liebenswert. Deine Mutter zu verlieren, hatte nichts mit dir zu tun, auch wenn ich weiß, dass es sich so anfühlt. Es war nicht deinetwegen und du bist liebenswert und liebenswürdig. Wir sind beide okay." Schau dich um, während du das sagst und beweise dir und deinem Inneren Kind, dass ihr beide okay seid, dass dir in der realen Welt nichts geschieht. (Du musst intellektuell unbedingt glauben, dass die oben genannten Aussagen wahr sind, weil du dein Inneres Kind niemals belügen darfst.)

Wenn du anfängst eine Panikattacke zu bekommen oder dich unsicher fühlst, **sage dir laut** in deinem Kopf: „Es passiert gerade nichts. Ich weiß es fühlt sich so an, aber wir sind sicher. RELAX." Vergiss nicht dich umzuschauen, während du das sagst, um sowohl dir als auch deinem Inneren Kind zu beweisen, dass wirklich nichts geschieht.

Du wirst lernen immer besser mit deinem Inneren Kind zu kommunizieren und du wirst andere Dinge lernen, die du deinem Inneren Kind sagen kannst, um dich besser zu fühlen. Wir werden dir beibringen, wie du Visualisierungen nutzen kannst, einen „sicheren Ort" zu erschaffen, den du besuchen kannst, wann auch immer du möchtest – ein sehr günstiger Urlaub bei Bedarf. Dieser sichere Ort kann dein Ausgangspunkt für die Arbeit mit deinem Inneren Kind sein. Es kann vorkommen, dass dein Inneres Kind sich „wünscht" mit dir nach Hause zu kommen und mit dir zu leben und es kann einen großen Nutzen aus dieser Nach-Erziehung geben.

Du wirst mit einigen sehr mächtigen Ur-Gefühlen konfrontiert werden und es kann sein, dass du Angst hast nicht mit diesen Gefühlen umgehen zu können, aber du **wirst** lernen sie zu bewältigen.

Bedenke, dass du, um zu heilen, zurückgehen musst und *erleben* musst, was zu Beginn deines Lebens passiert ist. Auf diese Weise wirst du genau wissen, was passiert ist, was du überlebt hast und du wirst ein neues Bewusstsein über die Stärke, die du hattest, um zu überleben, entwickeln.

In den folgenden Kapiteln wirst du:

- Lernen, wie du deine Wut kanalisieren kannst.
- Affirmationen lernen: Dinge, die du dir selbst (deinem Inneren Kind) in Notzeiten laut in deinem Kopf sagen kannst.
- Listen machen über alles, worüber du wütend, traurig etc. bist.
- Erkennen, dass Weinen nichts damit zu tun hat in Selbstmitleid zu zerfließen, eher ein Bedauern über etwas Trauriges, das dir passiert ist.
- Erkennen, dass du deine Verluste betrauern musst. Erkenne, dass deine Verluste nicht respektiert wurden.

- Lernen deine eigenen Ängste und Gefühle zu respektieren.
- Lernen Gefühlsstatements zu machen „Ich fühle mich... "
- Personen finden, mit denen du sprechen kannst, die nicht in Frage stellen, was du fühlst.

-   Du kannst nicht heilen, wenn du herunterspielst, was passiert ist. Du musst das volle Ausmaß deiner Wunden verstehen, um in der Lage zu sein sie vollständig zu behandeln.

Deine Heilung kann mit einer emotionalen Wurzelbehandlung verglichen werden. Es muss gemacht werden, es ist schmerzhaft, dennoch ist es oftmals der einzige Weg zu guter Gesundheit.

Kapitel 20:

Das Innere Kind heilen:
Ein innovativer Ansatz

„Wenn die Gefühle eines Kindes unterdrückt werden, insbesondere die Gefühle von Wut und Verletzung wächst die Person als ein Erwachsener mit einem wütenden, verletzten Kind in sich heran. Dieses Kind wird spontan das erwachsene Verhalten der Person kontaminieren."

[25]

Es kamen einige jugendliche adoptierte Klienten in dem Glauben zu mir, dass sie kaputt seien und repariert werden müssten und es ist so einfach ihnen zu sagen (weil es wahr ist), dass sie nicht kaputt sind, sondern dass ihre Situation sehr „kaputt" ist. Daher helfe ich ihnen die Art und Weise wie sie über ihre Situation denken zu überarbeiten. Diese Überarbeitung ist der Schlüssel zur Arbeit mit dem Inneren Kind.

Ein Großteil der Erfahrungen eines Adoptierten musste aufgrund der drei Traumata[26] verdrängt werden. Sie mussten verdrängt werden, damit der Adoptierte den Schmerz, die Wut und die Traurigkeit der Realität seiner Verluste überleben konnte. Die Arbeit mit dem Inneren Kind bietet eine effektive und weniger zeitaufwendige Methode der Trauerarbeit, Heilung und Genesung so weit wie möglich von den Verlusten, die in der Kindheit erlitten wurden. Ich stelle fest, dass die Arbeit mit dem Inneren Kind schneller und daher preiswerter als

---

25 John Bradshaw, *Das Kind in uns - wie finde ich zu mir selbst* (Originaltitel *Homecoming: Reclaiming and Healing Your Inner Child*)
26 Die drei Traumata sind die Ur-Wunde, die Entdeckung adoptiert zu sein und die Verfestigung des Glaubens nicht liebenswert zu sein.

traditionelle Therapien ist. In Anerkennung dass der Begriff *Inneres Kind* nach „Psychogeschwätz" oder „Therapeutensprache" klingt und es sicherlich einige Skepsis über diese Arbeit geben wird, biete ich Folgendes an: Wenn jemand einen Wutanfall hat, ist es hoffentlich offensichtlich, dass er sich wie ein 2-jähriger verhält. Was wirklich passiert, ist, dass sein 2-Jahre altes Selbst (Inneres Kind) die Kontrolle über das erwachsene Verhalten übernommen hat. Wenn man versucht dem Erwachsenen zu sagen, dass er sich wie ein 2-jähriger verhält, wird er noch wütender werden und er wird es verleugnen.

Dein Inneres Kind ist eine Repräsentation der Gefühle, Gedanken und Emotionen unterschiedlicher Zeiten in deiner Kindheit. Jeder von uns hat mehrere innere Kinder, die verschiedene Erfahrungen oder Momente in unserer Vergangenheit repräsentieren. Ein Inneres Kind wird nicht durch die erwachsenen Belehrungen und Erwartungen der äußeren Welt belastet. Es hat Emotionen und Gefühle, die die wahren, rohen Gefühle unseres jüngeren Selbst sind. An dieser Stelle wird der Erwachsene beginnen über die Gefühle zu lernen, die tief in ihm drinnen, in seinem Inneren Kind, gehalten werden. Dein erwachsenes Selbst muss wissen, dass das Innere Kind er selbst in einem jüngeren Alter ist, mit all den Gefühlen, der Verspieltheit und Naivität, die existierten, als er jung war. Hast du dir zu einem schwierigen Zeitpunkt jemals im Kopf gesagt „Relax. Entspanne dich." und hat es dich beruhigt? Wenn du das gemacht hast, hast du mit deinem Inneren Kind gearbeitet.

Da ein Großteil unseres Schmerzes und unserer heutigen Ängste auf schmerzhaften Kindheitserfahrungen basieren, die niemals aufgelöst wurden, bietet Wege zu finden mit dem verletzten Kind, das du warst, zu „sprechen" eine wundervolle Möglichkeit der Heilung. Arbeit mit dem Inneren Kind ist ein Weg, Zugang zu deinem Unterbewusstsein zu erhalten und die Art und Weise, wie du über dich selbst denkst zu verändern. Ein Großteil deiner erwachsenen Schwierigkeiten stammen von falschen Annahmen, die das Ergebnis eines kindlichen Verständnisses sind. Wenn du verstehst, dass Kinder sich selbst für schlimme Dinge, die ihren passieren, die Schuld geben, kannst du erkennen, dass die Lösung zu vielen deiner erwachsenen Leiden ist, deinem Inneren Kind zu helfen die Selbstvorwürfe zu unterlassen.

Die Arbeit mit dem Inneren Kind benötigt ein wenig Übung. Ich empfehle dem Leser *Werde was du bist: Selbstverwirklichung durch Psychosynthese*[27] und *Das Kind in uns - wie finde ich zu mir selbst*[28] als Unterstützung der Fähigkeit mit dem Inneren Kind zu arbeiten. Beide Werke sind in den Literaturempfehlungen in Anhang H aufgeführt, einher mit vielen weiteren guten Büchern über die Arbeit mit dem Inneren Kind. Meine Absicht ist es nicht das Rad neu zu erfinden, sondern die Arbeit mit dem Inneren Kind zu erklären, da sie sich auf den Heilungsweg eines Adoptierten bezieht und einige Hilfsmittel und Beispiele innerer Dialoge zu geben, die besonders hilfreich für die Heilung adoptierten Personen sind.

Mythen:
- Arbeit mit dem Inneren Kind ist „Psychogeschwätz".
- Es gibt kein Inneres Kind.

Fakten:
- Ein Inneres Kind ist ein Konzept, eine Art unser Unbewusstes zu betrachten und mit ihm zu kommunizieren.
- Alle Menschen haben viele Innere Kinder verschiedener Altersstufen.

---

27 AdÜ: Originaltitel *What We May Be: Techniques for Psychological and Spiritual Growth Through Psychosynthesis* von Piero Ferrucci
28 AdÜ: Originaltitel *Homecoming: Reclaiming and Healing Your Inner Child* von John Bradshaw

Bevor du in diesem Kapitel weiterliest, gehe bitte noch einmal zurück und lies die *Behutsam vorgehen* Seite am Anfang dieses Buches. Wenn du dich in Therapie befindest, sprich bitte mit deinem Therapeuten, bevor du mit dieser Arbeit beginnst.

Wenn du diese Arbeit machst, ist es wichtig sich an das Kind, das du einmal gewesen bist, zu erinnern und Mitgefühl und Respekt für es zu finden. Auf diese Weise kannst du dein Inneres Kind immer respektieren. Respektiere den Schmerz, die Wut und die Traurigkeit dieses Kindes. Es ist wichtig, dass du es gut behandelst und 24 Stunden für es verfügbar bist. Lass es so sein, wie es möchte, wenn du bei ihm bist. Wenn es wütend ist und schreien möchte, lass es. Wenn es Töpfe und Pfanne schlagen will, ist das super. Ermutige es immer seine Gefühle zu fühlen, zu wissen, dass es sicher ist und dafür nicht bestraft wird, weil du es nun „erziehen" wirst, gut erziehen. Erziehung in diesem Sinne ist dein Inneres Kind so zu behandeln, wie es von seinen Eltern hätte behandelt werden sollen.

Befasse dich zunächst mit den Visualisierungstechniken in Kapitel 22. Gehe an deinen sicheren Ort, lasse dich dann zurücktreiben und sieh dich in einem frühen Alter, als du Unterstützung und Trost brauchtest. Gehe in das Bild hinein, direkt vor dein jüngeres Selbst und sag laut in deinem Kopf „Hi!" Frag es, wie es ihm geht. Es will vielleicht nicht mit dir sprechen. Sag ihm, dass es DIR mehr als jedem anderen auf der Welt vertrauen kann. Entwickle eine vertrauensvolle Beziehung mit ihm, indem du mehrmals am Tag laut in deinem Kopf mit ihm sprichst. Aber sei geduldig mit ihm. Es konnte vermutlich lange Zeit noch niemanden ausreichend vertrauen, um über diese Gefühle zu sprechen. Es ist in Ordnung, wenn es Zeit braucht, um dir zu vertrauen. Was auch immer es macht oder sagt ist in Ordnung und sag ihm das genauso.

Du musst alles, was du deinem Inneren Kind sagst intellektuell verstehen d. h. es hatte nichts mit ihm zu tun, dass es zur Adoption freigegeben wurde. Wenn du intellektuell nicht glaubst, was du deinem Inneren Kind sagst, wird es das ebenfalls nicht glauben. Nur indem du ihm die Wahrheit sagst, kannst du ihm helfen die Wahrheit zu sehen... die Wahrheit, dass was auch immer ihm passiert ist, nicht seine Schuld war.

Alle Visualisierungstechniken und Affirmationen aus diesem Buch führen zur Heilung des Inneren Kindes. Du wirst deine eigene Kommunikation mit deinem Inneren Kind entwickeln müssen. Es weiß besser als jeder andere, was es braucht. Wenn du es fragst, wird es sich dir mitteilen. Hör ihm zu und würdige seine Wünsche, respektiere seinen Schmerz und hilf ihm so gut du kannst. Vergiss nicht, dass es ein Opfer war. Es ist für nichts verantwortlich, das ihm passiert es. Es verdient lediglich Empathie.

Zwei der wichtigsten Unterhaltungen mit deinem Inneren Kind sind folgende:

1) **Die Liebenswürdigkeitsaffirmation**:
Sage dir (zu einem sieben Jahre alten Selbst) laut in deinem Kopf „Du bist liebenswert. Ich weiß, es fühlt sich nicht so an. Was passiert ist, ist nicht deine Schuld. Wir sind okay." Sag ihm oft, dass es liebenswert ist. Umarme es. Sag ihm, dass du es liebst. Sag ihm, dass du rund um die Uhr 24 Stunden verfügbar bist. Lass es nicht alleine, ohne zu fragen, ob es in Ordnung ist, dass du gehst und dass du bald zurück bist. Mache dies so oft wie möglich. (Vier Mal hintereinander in jeder wachen Stunde für einen Monat sollte eine sichtbare Veränderung bringen.)

2) **Die Anti-Panik/Anti-Angst Affirmation:**
Wenn du in Panik gerätst, schau dich im Raum um und versichere dich, dass nichts passiert. Sage dir dann laut in deinem Kopf „Es passiert gerade nichts. Ich weiß es fühlt sich so an, aber es ist nicht so. Relax. Beruhige dich. Ich bin da. Wir sind sicher."

Adoptierte können die Affirmationen verändern, damit sie zu ihnen und verschiedenen Situationen passen. Sie müssen es sich zur Aufgabe machen ihr Inneres Kind mehrmals täglich zu besuchen. Plane Aktivitäten mit ihm. (Siehe Anhang F dieses Buches für eine Liste von Aktivitäten für dich und dein Inneres Kind.) Es braucht nur ein paar Sekunden, jedoch wird es sich so viel besser fühlen. Immer wenn etwas für Adoptierte bedrückend ist und sie nicht herausfinden können, was los ist oder warum sie sich so fühlen, können sie ihr Inneres Kind bitten ihnen zu sagen, wo das Problem liegt. Sie werden vermutlich eine passende Antwort bekommen und dann können sie, die Erwachsenen, damit umgehen.

Was du machst, ist deinem Inneren Kind eine gute Erziehung zu geben. Es heute so zu behandeln, wie es in der

> „Wenn ich aufhöre auf meine leibliche Mutter wütend zu sein, werde ich sie verlieren. Es ist alles, was ich von ihr habe und das will ich nicht aufgeben." Weibliche Adoptierte, 16 Jahre

Vergangenheit hätte behandelt werden sollen, würdigt seine Gefühle und sein wahres Selbst. Das wird sich übertragen und euch beiden helfen zu einem inneren Frieden zu kommen, den du nie gekannt hast. Eines Tages werden du und dein Inneres Kind aufhören vor irgendetwas Angst zu haben, du wirst vollständig frei von Angst sein. Dieser Zustand lässt sich mit der hier beschriebenen Arbeit erreichen. Harte Arbeit natürlich, wenn du jedoch keine Angst mehr vor deinen Gefühlen hast, wirst du wirklich frei sein. Was für ein enormes Geschenk, das du dir selbst machen wirst!

Jemand, dem seine Gefühle verweigert wurden, ist wahrscheinlich ein Gefangener seines Schmerzes und ist ein Experte darin geworden die Trigger seines Schmerzes unbewusst zu vermeiden. Dies ist verständlich, da der Schmerz so aufdringlich ist. Sobald du routiniert in der Arbeit mit deinem Inneren Kind bist und den Schmerz als einen Teil deines Heilungsprozesses durchlebst, wirst du freigelassen werden und kein Gefangener mehr sein.

Außerdem solltest du anerkennen, dass Veränderung oft beängstigend ist. Heilung beinhaltet sicherlich Schmerz, Wut und Traurigkeit. Adoptierte wissen beispielsweise genau mit Gefühlen von Ablehnung umzugehen. Sie sind Experten darin und es passt wie ein alter, enger Schuh, den sie nicht wegwerfen wollen. Du könntest eine Liste machen, wovor du Angst hast es zu verändern und warum. Was wird wirklich passieren, wenn du deinen Schmerz, deine Wut und deine Traurigkeit aufgibst? Was kannst du an dessen Stelle setzen? Es ist Zeit kreativ zu werden!

Zusammenfassung

- Arbeit mit dem Inneren Kind ist ein Weg einen Teil des Leids und der Schmerzen der Kindheit zu lindern und aufzulösen.
- Nach einer anfänglichen Anleitung kannst du die Arbeit mit dem Inneren Kind alleine durchführen. Du kannst durch diese Arbeit inneren Frieden gewinnen.

Übung

- Schließe deine Augen und versuche dir vorzustellen, wie es wäre, wenn du nie wieder vor etwas Angst haben müsstest. Genieße es und erkenne, dass du diesen Zustand erreichen kannst.

- Es kann sein, dass du gerade Freude über diese beruhigenden Gedanken empfindest. Genieße diese Erfahrung.

Kapitel 21:

Wut

Wut ist eine der grundlegendsten menschlichen Emotionen. Babys zeigen extremen Ärger (Wut) an ihrem ersten Lebenstag. Wenn sie von der Brust oder Flasche weggenommen werden, bevor sie soweit sind, ballen sie ihre kleinen Fäuste, ihr Gesicht läuft rot an und sie schreien wuterfüllt. Dies ist eine normale und gesunde Reaktion.

Mythen:
- Wut ist etwas Schreckliches.
- Personen, die sagen, dass sie wütend sind, sind wütende Personen.

Fakten
- Wut ist nichts Schreckliches. Was du daraus machst, kann allerdings schrecklich sein.
- Wenn jemand sagt, er sei wütend, heißt es nicht, dass er eine wütende Person ist. Es bedeutet, dass er wütend über etwas ist und es ausdrückt, was ein gesunder Weg ist.

Während wir aufwachsen, sollen wir lernen unseren Ärger zu kontrollieren und auf gesellschaftlich anerkannte Weise auszudrücken. Leider lernen viele Personen nicht, wie man das macht. Sie lernen entweder ihre Wut zu unterdrücken oder sie auf verletzende Art und Weise auszudrücken. Wut, die nicht ausgedrückt wird, hat immer einen Effekt auf uns. Wenn wir es nicht laut aussprechen, werden wir es ausagieren (die um uns herum verletzen) oder internalisieren und uns dadurch selbst verletzen. Unausgesprochene, angestaute Wut wird einen wahrscheinlich dazu bringen Beziehungen zu sabotieren, Personen fortzustoßen, psychosomatische Krankheiten zu entwickeln, seinen eigenen zu Körper schädigen oder eine Kombination der genannten. Wut zu haben ist nicht schlecht, aber es ist notwendig zu lernen sie zu erkennen, anzuerkennen und auf eine gesunde Art und Weise auszudrücken. Ärger ist nur einen Buchstaben kürzer als Gefahr und wenn wir nicht wissen, wie wir mit der Emotion umgehen sollen, kann sie tatsächlich sehr gefährlich sein.

Wut ist wie Giftmüll, aber sie ist recycelbar. Unter anderem kann man Wut verringern oder rauslassen, indem man sie kanalisiert. Um sie zu kanalisieren, musst du nur wenige Worte laut in deinem Kopf sagen. Du musst sie nicht fühlen oder wissen, warum sie da ist. Du musst beispielsweise sagen: „Ich werde meine Wut nehmen und nutzen, um Sport zu machen" oder „Ich werde meine Wut nehmen und nutzen, um zu malen etc." Alltägliche Aktivitäten, die der Kanalisierung der Wut dienen, sind: tägliche Arbeit erledigen, Putzen, Abwaschen, Sport, Rasen mähen, Joggen, Malen, Musik machen, Spazieren gehen, Gedichte, Texte oder Musik schreiben. Jegliche körperliche Aktivität wird hilfreich sein deine Wut zu kanalisieren. Auch wenn es verlockend ist, kannst du deine Wut nicht durch Bücher lesen, Fernsehgucken oder Musikhören kanalisieren. Beruhigende Aktivitäten bringen es einfach nicht. Du musst dir sagen (wieder laut in deinem Kopf) ich nehme meine Wut und nutze sie, um aus diesem Stuhl aufzustehen (ein Sprungstart) und putze das Haus.

Je mehr du kanalisierst, desto besser wirst du dich fühlen, desto weniger wird Wut ein Problem sein und desto mehr Energie wirst du für dein Leben haben. Wenn du deinen Ärger kanalisierst, sprichst du in Wirklichkeit mit deinem Unterbewusstsein und bittest es die Aufgabe für dich zu tun und es wird gehorchen. Du setzt buchstäblich die Energie frei, die du genutzt hast, um die Wut unter Kontrolle zu halten und du sparst darüber hinaus die gute Energie, die du ansonsten für die Aufgabe genutzt hättest. Wenn du deine Wut regelmäßig kanalisierst, das bedeutet mehrmals täglich, wirst du die Worte schließlich nicht mehr laut in deinem Kopf sagen müssen. Kanalisierung wird zu deiner Lebensweise gehören, automatisch und du wirst dich so viel besser fühlen.

Du könntest deiner Wut einen Namen geben, so dass du ihr sagen kannst beiseite zu gehen, wenn sie im Weg ist und dein Leben beeinträchtigt. Deiner Wut einen Namen zu geben, mit ihr vertraut zu werden, wird dir helfen zu erkennen, dass deine Wut dein Freund ist. Die Dinge, auf die du wütend bist, sind die Dinge, die deine Aufmerksamkeit benötigen.

Du kannst lernen, dass deine Wut auszudrücken, wenn Dinge passieren, die sie auslösen, dein Leben nicht beeinträchtigen, sondern eher bereichern wird. Menschen werden wütend auf andere Personen und wenn du den Personen um dich herum sagst, dass du wütend bist und ihnen auf eine nette Art mitteilst warum, werden sie wahrscheinlicher auf eine Weise reagieren, die viel hilfreicher ist. Wenn du es in dir behältst, kann es sein, dass du schließlich gegenüber den Personen um dich herum explodierst oder sie anschreist und die Beziehung belastest. Es ist absolut nichts Falsches daran zu sagen „Ich bin wütend, weil …".

Eine andere Art mit deiner Wut umzugehen, ist sie auf Papier zu malen oder in deinem Kopf ein Bild zu entwerfen etwas mit ihr zu machen oder sogar flüsternd auszusprechen „Ich bin wütend". Dies bereitet oft Erleichterung, wenn die Wut so groß ist, dass sie dich ängstigt. Deine Wut kann sich manchmal wie Kernenergie anfühlen und dann kann es sich unsicher anfühlen sie auszudrücken. Allerdings ist es wirklich gefährlich und schädlich, wenn du sie unterdrückst. Einer der Vorteile einer Selbsthilfegruppe ist es, dass sie einen sicheren Ort bietet, deine Wut auszudrücken, Bestätigung zu erhalten und gleichzeitig neue Wege damit umzugehen zu lernen.

Schließlich ist es oftmals hilfreich deine Wut in deinem Tagebuch aufzuschreiben. Mache eine Liste (welche du erweitern kannst) aller Dinge, über die du wütend bist, heute und in der Vergangenheit. Es kann auch hilfreich sein die Punkte der Liste „zu gewichten". Das heißt, gib jedem Punkt der Liste eine Zahl von eins bis zehn, die anzeigt wie wütend du über den speziellen Punkt bist. Du kannst es auch von eins bis einhundert oder eintausend gewichten und einige Personen nutzen tatsächlich eine Skala von eins bis eine Million. Was auch immer sich richtig anfühlt, sollte getan werden.

Kapitel 22:

Visualisierungstechniken

Es ist Zeit Visualisierungen zu lernen. Zunächst musst du lernen dich zu entspannen. Finde einen angenehmen Ort, um dich hinzulegen, vielleicht auf dem Sofa oder dem Boden. Liege so flach du kannst. Lockere deinen Gürtel oder deine Hose, wenn nötig, so dass deine Kleidung nicht zu eng ist. Lege deine Hände neben dich. Sage laut in deinem Kopf „Relax" in einer ruhigen, beruhigenden Tonlage. (Wiederhole dies mehrfach während der Entspannungsübung.) Beginne langsam und tief zu atmen. Mache das folgende langsam und bewusst. Spanne zunächst die Muskeln in deinen linken Zehen an. Halte die Spannung für ein paar Sekunden und lasse die Muskeln dann wieder entspannen. Als Nächstes spanne die Muskeln deines linken Knöchels an. Halte ein paar Sekunden und lasse wieder los. Spanne auf gleiche Weise die Muskeln deiner linken Wade und anschließend deines linken Oberschenkels an. Beobachte wie entspannt sich dein ganzes Bein anfühlt. Wiederhole dies für das rechte Bein. Spanne anschließend der Reihe nach deine Pomuskeln, Beckenmuskeln und Brustkorbmuskeln an. Mache dann der Reihe nach eine Faust mit der linken Hand, spanne deinen linken Ellbogen an und deinen ganzen Arm. Wiederhole dies für den rechten Arm. Nun spanne deine Schultermuskeln an, dann deine Nackenmuskulatur, Kopfmuskeln und schließlich deine Gesichtsmuskeln. Beobachte wie entspannt du dich fühlst. Sage erneut laut in deinem Kopf „Relax".

Jetzt wo du das für dich getan hast, könntest du deine eigene Stimme, die die Anweisungen für die Übungen gibt, aufnehmen. Deine eigene Stimme wird beruhigend sein und deine Fähigkeit verstärken dich als Antwort darauf dich selbst „Relax" sagen zu hören zu beruhigen.

Nachdem du dies ein paar Mal gemacht hast, wirst du wahrscheinlich in der Lage sein durch Hinlegen und laut in deinem Kopf „Relax" zu sagen einen Entspannungszustand zu erreichen. Versuche dies nicht während du stehst, du könntest dich so sehr entspannend, dass du hinfällst! Während du nun noch entspannt bist, versuche dir ein Lieblingsurlaubsziel vorzustellen oder einen Ort, an dem du alleine entspannt und sicher sein könntest. Zum Beispiel einen Strand in der Karibik, einen Bergsee, im Wald, jeder Ort, der entspannend und sicher für dich ist.

Stell dir vor, dass du nun tatsächlich an diesem sicheren Ort bist. Du kannst die Meeresluft riechen oder den Geruch von Kiefernadeln. Du kannst Möwen oder Vögel sehen. Du kannst das Rauschen der Wellen hören, den Klang des Windes, der die Blätter der Bäume rascheln lässt oder du fühlst die Sonne auf deinem Körper. Genieße es. Du kannst dies jederzeit als kostenlosen Urlaub nutzen. Du kannst es für ein oder zwei Minuten nachmittags als erfrischende Pause auf der Arbeit machen. Keine Flugkosten, kein Warten, sofortiger Urlaub irgendwo auf der Welt. Deine Vorstellungskraft ist dein Reiseberater und deine Visualisierungen sind dein Urlaub. Wenn du bereit bist, lasse dich ins „Hier und Jetzt" zurücktreiben. Entspannungsübungen und einen sicheren Ort zu visuali-

> Die Fähigkeit sich zu konzentrieren [visualisieren] ist eine antreibende Kraft der Vollständigkeit unserer psychischen Mechanismen. Nichts kann unsere Handlungsfähigkeit mehr steigern als seine Entwicklung. Jeglicher Erfolg, egal in welchem Bereich, kann durch die intelligente Nutzung dieser Fähigkeit erklärt werden. Kein Hindernis kann der außergewöhnlichen Kraft der maximalen Konzentration dauerhaft widerstehen." – *What We May Be* - Piero Ferrucci

sieren vereinfachen den Prozess mit deinem Inneren Kind zu arbeiten.

Beginne alle deine Visualisierungen auf die gleiche Weise. Schließe deine Augen und sage das Wort „Relax" laut in deinem Kopf. Gehe an deinen sicheren Ort. Mache dann die individuelle Visualisierung. Anfangs mag sich dein Inneres Kind noch scheuen. Es möchte vielleicht nicht mit dir reden. Sei geduldig mit ihm und bedenke, dass es ein Opfer war und gute Gründe hat dir oder irgendjemand anderem nicht zu trauen bis sich durch die Art, wie du mit ihm sprichst und es behandelst Vertrauen entwickelt hat. Habe Mitgefühl mit ihm und was ihm passiert ist. Es wird wissen, was in deinem Herzen ist und beginnen, dir zu vertrauen. Wenn du es besser kennen lernst, wird es dir vertrauen. Du wirst dann in der Lage sein die folgenden Übungen mit dem Inneren Kind zu machen.

Speziell für Adoptierte:

1) Lasse dich in der Zeit zurücktreiben bis du dich im Alter von sieben Jahren sehen kannst. Gehe in das Bild und sage deinem jüngeren Selbst „Hallo". Sag ihm, dass du es liebst und frag ihn, ob es eine Umarmung möchte. Frag es nun, wie es sich fühlt. Erkenne seine Gefühle an, aber korrigiere alle falschen Annahmen, die es über sich hat. Frage es nun, ob es eine Umarmung seiner leiblichen Mutter möchte. Wenn es Nein sagt, bitte es dir zu sagen, warum nicht. Wenn es ja sagt, stelle dir deine leibliche Mutter vor, wie sie dich im Alter von sieben Jahren umarmt. Bleibe so lange in der Visualisierung, wie du möchtest und wenn du soweit bist, komme langsam zurück ins Hier und Jetzt.

2) Frage dein sieben Jahre altes Selbst, ob es bei dir einziehen möchte. Wenn es ja sagt, dann erschaffe in deiner Vorstellung einen Anbau für es in deinem mo-

mentanen Zuhause. Es kann alles haben, was es möchte. Es kann Delfine zum Schwimmen haben, Löwen zähmen, um mit ihnen zu spielen, Elefanten zum Reiten und irgendeinen Film, den es sehen möchte, wird sofort auf dem Fernseher bereit sein. Die Idee dahinter ist es weit weg von dem Ort zu bringen, an dem es großen Schmerz erlitten hat. Irgendwann während deiner Visualisierungen solltest du ihm erklären, dass diese Schmerzen und „schlimmen" Dinge der Vergangenheit nie wieder passieren können. Lass es Spaß in seiner Kindheit haben, ohne Stress. Es hat es verdient. Frag dein Inneres Kind am Ende der Visualisierung, ob es in Ordnung ist, wenn du es eine Weile verlässt, weil du Besorgungen machen musst. Lasse es wissen, dass es weiterhin mit den Tieren, Spielzeug etc. spielen kann und dass du bald zurück sein wirst. Sag ihm, dass es dich immer rufen kann, wenn es möchte, dass du früher zurück kommst. Wenn es nicht möchte, dass du gehst, kannst du vorschlagen, dass es mit dir kommt. Es kann wirklich in deine Hosentasche passen oder auf deiner Schulter mitfahren. Das könnte ihm gefallen!

3) Stell dir vor, dass du auf einem großen Feld mit vielen verschiedenen Blumen bist. Es kann sein, dass du Vögel, Schmetterlinge und Grashüpfer siehst, einen wunderschönen blauen Himmel und bauschige Wolken. Schau dich um und betrachte alle Blumen. Du gehst in dem Feld umher und kommst zu einem Bach, der mitten durch das Feld fließt. Dort befindet sich eine alte, knarrende Holzbrücke über den Bach zu einem anderen Feld. Dein erwachsenes Selbst überquert den Bach auf die andere Seite und du siehst dein Baby Selbst, neugeboren, alleine und weinend. Geh zu ihm; sprich laut in deinem Kopf zu dem jungen Baby, das du einmal gewesen bist. Auch wenn es gerade erst gebo-

ren ist, kann es hören, was du sagst, verstehen und zu dir sprechen. Sag ihm, dass es liebenswert ist, dass was passiert ist nicht seine Schuld war und halte es und lass es um seine Mama weinen, wenn es möchte. Frag es, ob es mit dir über den Bach kommen möchte und wenn es zustimmt, trag es in deinen Armen über die Brücke. Behalte es bei dir und wenn du die Gelegenheit dazu hast, male ein Bild davon wie du als Erwachsener mit deinem jüngeren Selbst auf dem Feld sitzt und ihr euch umarmt. Schreibe auf, was du während dieser Visualisierung empfunden hast.

4) Visualisiere dich selbst in einem Kokon, wie du durch das dünne Gewebe hinausspähst, die Dinge nicht siehst, wie sie wirklich sind, sondern verschwommen. Stelle dir vor, dass du, der Adoptierte, durch eine Metamorphose gehst und ein Schmetterling wirst. Ein Schmetterling zu werden ist angsteinflößend und schmerzhaft, deine Flügel das erste Mal zu öffnen und nicht zu wissen, wozu du in der Lage bist. Stelle dir vor, dass du deine Flügel entfaltest. Du breitest deine Flügel aus und plötzlich fliegst du! Lasse dich das Gefühl des Schwebens spüren, schaue auf die Welt hinab, erkunde, gehe wohin du magst, fühlte dich schwerelos und frei. Erkenne, dass du während du deine Arbeit machst, dich deinen Dämonen stellst, wie der Schmetterling bist, der seine „Flügel" ausbreitet, unwissend was du kannst oder bist, aber mit der Freiheit es herauszufinden und schließlich du selbst zu sein.

Kapitel 23:

Affirmationen

Für Adoptierte

Du must intellektuell wissen, dass nichts ein Baby nicht liebenswert machen kann. Wenn du dieses Wissen verinnerlicht hast, musst du Folgendes machen und sagen: Steller dir dein jüngeres Selbst im Geist vor, male dir das Kind aus, das du gewesen bist und **sage laut** in deinem Kopf „Es lag nicht an dir, auch wenn

„Traumatische Ereignisse sind außergewöhnlich, nicht weil sie selten geschehen, sondern weil sie die Anpassungsfähigkeiten eines gewöhnlichen Menschen übersteigen. Im Gegensatz zu gewöhnlichen Unglücken, beinhalten traumatische Ereignisse in der Regel Gefahr der [psychischen] Integrität. Sie konfrontieren Menschen mit den Extremen von Hilflosigkeit und Schrecken und produzieren die Antworten einer Katastrophe. Der gemeinsame Nenner eines psychologischen Traumas ist ein Gefühl intensiver Angst, Hilflosigkeit, Kontrollverlust und Gefahr der Vernichtung." – *Trauma and Recovery* - Judith Lewis Herman

ich weiß, dass es sich so anfühlt. Es lag nicht an dir und du bist liebenswert und liebenswürdig. Wir sind beide okay." Schau dich um, während du das sagst, um dir selbst und deinem Inneren Kind zu beweisen, dass ihr okay seid. Du musst intellektuell vollkommen glauben, dass oben genanntes wahr ist, weil du dein Inneres Kind niemals anlügen darfst.

Ich empfehle dir für den ersten Monat nachdem du intellektuell weißt, dass nichts ein Baby nicht liebenswert machen kann, diese Affirmationen *vier Mal hintereinander in jeder wachen Stunde* laut in deinem Kopf zu wiederholen.

Wenn du dies gewissenhaft machst, stehen die Chancen gut, dass du dich zum Ende des Monats besser fühlen wirst.

Du musst intellektuell verstehen, dass was passiert ist, als du deine Mutter verloren hast **niemals** wieder passieren kann, auch wenn es sich so anfühlen kann. Es kann nicht passieren, weil du nicht mehr das hilflose Kind bist, das du damals gewesen bist. Daher kannst du dir laut in deinem Kopf sagen (während du dir das junge Kind vorstellst, das du gewesen bist) „Ich will, dass du weißt, dass *es* nicht wieder passieren kann. Ich weiß, es fühlt sich so an als könnte es, aber ich verspreche dir es kann nicht wieder passieren und wir sind okay."

Wenn du beginnst eine Angst- oder Panikattacke zu bekommen oder dich unsicher fühlst, kann du **laut** in deinem Kopf sagen „Es passiert gerade nichts. Ich weiß, es fühlt sich so an, aber wir sind sicher. RELAX." Vergiss nicht dich umzuschauen, während du das sagst, um dir und deinem Inneren Kind zu beweisen, dass tatsächlich nichts geschieht.

In der Regel tritt eine Angst- oder Panikattacke auf, weil etwas in der heutigen Welt, vielleicht etwas ganz subtiles, unser Unterbewusstsein an unser ursprüngliches Trauma (den Verlust einer Mutter) erinnert und es sich so anfühlt als würde es gleich wieder passieren. Leider ist dies eines der weitverbreiteten „Vermächtnisse" eines Traumaüberlebenden.

Für leibliche Mütter

Du musst intellektuell verstehen, dass du keine Wahl hattest, dein Baby in unserer Gesellschaft zu behalten. **Du musst das glauben**! Versuchen gegen die geldgierige Adoptionsmaschine anzukämpfen, heißt zu verlieren. **Du hattest keine Wahl!** Wenn du dieses Wissen verinnerlicht hast, musst du das folgende sagen und tun: Stell dir dein jüngeres Selbst gedanklich vor, stell dir die junge Frau vor, die du gewesen bist, als du kurz davor warst dein Baby zu verlieren und sage **laut** in deinem Kopf: „Es war nicht deine Schuld, auch wenn ich weiß, dass es sich so anfühlt. Du hattest keine Wahl und du bist liebenswert und eine liebenswürdige Frau. Wir sind beide okay." Schau dich um, während du das sagst, um dir selbst und deinem Inneren Kind zu beweisen, dass ihr okay seid. Du musst intellektuell vollkommen glauben, dass oben genanntes wahr ist, weil du dein Inneres Kind niemals anlügen darfst.

> „Wenn eine Mutter gezwungen wird sich zwischen ihrem Kind und der Kultur zu entscheiden, gibt es etwas verabscheuungswürdig grauenhaftes und unbedachtes in dieser Kultur. Eine Kultur, die es erfordert seine eigene Seele zu verletzen, um den Verboten der Kultur zu folgen, ist in der Tat eine sehr kranke Kultur.
> – *Die Wolfsfrau - Die Kraft der weiblichen Urinstinkte –* Clarissa Pinkola Estés

Ich empfehle dir für den ersten Monat, nachdem du intellektuell weißt, dass du keine Wahl hattest und es nicht deine Schuld war, diese Affirmationen *vier Mal hintereinander in jeder wachen Stunde* laut in deinem Kopf zu wiederholen. Wenn du dies gewissenhaft machst, stehen die Chancen gut, dass du dich zum Ende des Monats besser fühlen wirst.

Du musst intellektuell verstehen, dass was passiert ist, als du dein Kind verloren hast **niemals** wieder passieren kann, auch wenn es sich so anfühlen kann. Es kann nicht passieren, weil das Kind, das du freigegeben hast, kein Kind mehr ist und die junge ressourcenlose Frau, die du gewesen bist, nicht mehr existiert. Daher kannst du dir laut in deinem Kopf sagen (während du dir die junge Frau vorstellst, die du gewesen bist) „Ich will, dass du weißt, dass *es* nicht wieder passieren kann. Ich weiß, es fühlt sich so an als könnte es, aber ich verspreche dir es kann nicht wieder passieren und wir sind okay."

Wenn du beginnst eine Angst- oder Panikattacke zu bekommen oder dich unsicher fühlst, kann du **laut** in deinem Kopf sagen „Es passiert gerade nichts. Ich weiß, es fühlt sich so an, aber wir sind sicher. RELAX." Vergiss nicht dich umzuschauen, während du das sagst, um dir und deinem Inneren Kind zu beweisen, dass tatsächlich nichts geschieht.

In der Regel tritt eine Angst- oder Panikattacke auf, weil etwas in der heutigen Welt, vielleicht etwas ganz subtiles, unser Unterbewusstsein an unser ursprüngliches Trauma (den Verlust eines Kindes) erinnert und es sich so anfühlt als würde es gleich wieder passieren. Leider ist dies eines der weitverbreiteten „Vermächtnisse" eines Traumaüberlebenden.

Im Allgemeinen

Sobald du eine Weile mit deinem Inneren Kind gearbeitet hast, wirst du in der Lage sein deine eigenen Affirmationen zu entwickeln. Dein Inneres Kind wird dir immer sagen können, wovor es Angst hat und was es braucht. Du wirst dann die Fähigkeit haben (mit seiner Hilfe natürlich) zu entscheiden, was du ihm regelmäßig sagst, um ihm zu helfen sich besser zu fühlen.

Schließlich wird das Bedürfnis Affirmationen zu nutzen immer weniger werden, da du immer mehr heilst, aber du wirst immer die Fähigkeit besitzen dir wenn nötig auf diese Weise zu helfen.

Wenn wir getriggert werden, sagt unser Inneres Kind, dass es sich „abgelehnt" fühlt. Das Wort „Ablehnung" kann bei einem Adoptierten einen Zusammenbruch hervorrufen. Wir müssen dieses Wort aus unserem Vokabular streichen. Ablehnung ist kein Gefühl. Es ist ein Gedanke, der zu entsetzlichen Gefühlen führt. Wenn wir das Wort nicht denken, fühlen wir nicht diese Gefühle. Wenn ein Adoptierter ein „Nein" von seiner leiblichen Mutter zu hören bekommt, wenn er versucht Kontakt aufzunehmen, wird er nicht abgelehnt. Seine Mutter lehnt ab sich mit ihrem eigenen Schmerz, ihrer Wut und ihrer Traurigkeit auseinanderzusetzen. Solange der Adoptierte das Wort abgelehnt nicht benutzt, wird er diese entsetzlichen Gefühle nicht spüren. Ja, ein „Nein" zu hören zu bekommen, wäre traurig, aber ohne dass das Wort Ablehnung in deinem Kopf herumspukt, ist ein „Nein" handhabbar.

Kapitel 24:

Trauerarbeit für Adoptierte

Der vermutlich schmerzhafteste Teil des Heilungsweges eines Adoptierten ist der Trauerprozess. Um zu heilen, müssen wir unsere Verluste betrauern. Da die meisten Adoptierten den Verlust ihrer Familien, insbesondere ihrer leiblichen Mutter, nicht betrauern durften, steckt ihre Trauer seit 20, 30, 40 oder mehr Jahren in ihrem Körper und muss rausgelassen werden.

Adoptierte haben viele Dinge zu betrauern: den Verlust ihrer Mami, den Verlust ihrer leiblichen Mutter, den Verlust der Beziehung mit ihr und den Verlust aller Meilensteine, die sie geteilt hätten. Der Verlust der Liebe ihrer leiblichen Mutter muss betrauert werden und es gibt immer den Verlust der einzigartigen Verbindung zu ihrer Familie, ihre einzigartige Geschichte, ihre Herkunft und medizinische Geschichte, selbst wenn sie in der gleichen Religion, Kultur etc. wie ihre leibliche Familie großgezogen wird.

„Ein Trauma erneut zu durchleben, bietet eine Gelegenheit der Bewältigung, aber die meisten Überlebenden suchen oder begrüßen diese Möglichkeit nicht bewusst. Vielmehr ängstigen und fürchten sie sich davor. Ein traumatisches Ereignis wiederzuerleben, egal ob durch sich aufdrängende Erinnerungen, Träume oder Handlungen, beinhaltet die emotionale Intensität des ursprünglichen Ereignisses. Der Überlebende wird kontinuierlich zwischen Todesangst und Zorn hin und her geworfen. Diese Emotionen unterscheiden sich qualitativ von gewöhnlicher Angst und Wut. Sie sind außerhalb der gewöhnlichen Bandbreite emotionaler Erlebnisse und sie überwältigen die Fähigkeit Gefühle zu ertragen." – *Trauma and Recovery* - Judith Lewis Herman

Ich glaube, dass jeder Adoptierte einen Weg finden muss alle diese Verluste zu betrauern. Ein Weg damit zu beginnen, könnte eine Liste (bevorzugt in deinem Tagebuch) aller Dinge, die du verloren hast, sein. „Wiege sie" von 1 bis 10 oder 1 bis 100 ab je nach Level der Traurigkeit, die du fühlst. Diese Übung ist eine sehr effektive Technik. Sie wird dir helfen deine Verluste zu identifizieren und bei deinem Trauerprozess behilflich sein.

Darüber hinaus könntest du, um deine Verluste zu betrauern, zu Hause oder in der Kirche eine Kerze anzünden und eine „Trauerfeier" für die verlorenen Dinge abhalten. Oder erstelle eine weitere Liste der verlorenen Dinge und verbrenne die Liste in einer Kiste in einem Ritual ähnlich einer Beerdigung. Du könntest deiner leiblichen Mutter einen Brief schreiben (bevorzugt mit deiner nicht-dominierenden Hand, um deinem Inneren Kind die Möglichkeit zu geben sich auszudrücken), ihn laut vorlesen und dir selbst dann erlauben zu weinen. Du könntest dein Inneres Kind besuchen und es halten während das Kind um den Verlust seiner Mama und all die anderen Verluste weint. Es gibt unzählige Wege deine Verluste zu betrauern und du kannst kreativ werden. Dies sind lediglich einige Beispiele, was du tun könntest.

Adoptierte haben es verdient Zeit für die Trauer über den Verlust ihrer wertvollsten Beziehung zu haben und zu behandelt werden als ob es einen realen Tod in ihrem heutigen Leben gegeben hätte. Es kann sein, dass du dir ein paar Tage oder Wochen für deine Trauer Zeit nehmen möchtest. Du musst dir erlauben zu weinen und verstehen, dass du mit jedem Weinen auf dem Weg der Heilung bist. Es gibt keinen nicht-schmerzhaften Weg diese Arbeit zu machen. Und während du weinst, setzt du schädliche Chemikalien aus deinem Körper in die Tränen und heilende Chemikalien in deinen Blutkreislauf frei. Du wirst dich besser fühlen, wenn du genug des

„Giftes" deiner nicht-betrauerten Verluste aus deinem Organismus heraus gelassen hast.

Wenn der Adoptierte in der glücklichen Lage ist eine Wiedervereinigung zu bekommen und eine Mutter findet, die bereit ist ihm bei der Heilung zu helfen, können sie beide einen enormen Heilungseffekt haben, indem der Adoptierte in den Armen seiner leiblichen Mutter gehalten wird und den Schmerz, den er all die Jahre innegehalten hat, herausweint. Ebenso muss eine leibliche Mutter den Verlust ihres Babys betrauern können und es ist wichtig, dass sie dabei Unterstützung bekommt.

Kapitel 25:

Der Weg einer Frau

Ein Brief von Tina, einer 50-jährigen adoptierten Frau: „Das erste Mal wurde ich auf die Arbeit mit dem ‚Inneren Kind' aufmerksam als ich John Bradshaw auf einem der ‚Homecoming' Fernsehprogramme gesehen habe. Obwohl es mir zunächst etwas seltsam vorkam, dachte ich, dass ich die Möglichkeiten dessen begriff. Doch erst als ich es alleine und in meinen Therapiestunden zu nutzen begann, habe ich mit Erstaunen seine Macht festgestellt.

Der Anfang war schwierig – der Versuchung zu widerstehen meinen erwachsenen Verstand für sie sprechen zu lassen, anstatt das kleine Kind einfach sagen zu lassen, was es so viele Jahre sagen wollte. Und wie sie es macht! Sie sagt Dinge, die mein erwachsenes Ich nicht sagen könnte; Dinge an die ich mich nicht erinnere oder die Dinge, die ich zu vergessen versuche, aber sie lässt mich nicht. Anfangs war es schwierig ‚sie' zu visualisieren, daher habe ich ein Bild meines jüngeren Selbst herausgesucht und mich darauf konzentriert. Es mag sich seltsam anhören, aber das nächste Problem war Freiheit; die Tatsache zu akzeptieren, dass sie alles **machen** konnte, das sie wollte, alles **sagen** konnte, das sie wollte und alles **haben** konnte, das sie wollte (die zwei Ponys in meinem Appartement im 18. Stock mit inbegriffen) – es war vollständige Freiheit. (Vielleicht fragst du dich, warum sie zwei Ponys hatte. Sie wollte nicht nur ein Weißes mit Flügeln, wie den mythischen Pegasus, sondern einen mit Punkten, wie den Schecken auf dem Tonto geritten ist. Klingt für mich logisch!) Einmal schlug mein Therapeut vor, dass ich mit ihr Spaß haben solle. Sofort dachte ich (oder sie?) an SEEHUNDE! Ich habe als Kind schon immer Bilder von Seehunden geliebt, aber in North Carolina, wo ich aufgewachsen bin, gab es keine echten. Also nahm ich sie in meinem Kopf mit in den Zoo im Central Park, wo sie die Seehunde fütterte und mit ihnen schwamm. Sie liebte es das gleiche mit den Polarbären zu tun. Diese unbegrenzte Freiheit erlaubte es ihr so lange mit den Seehunden und Bären unter Wasser zu bleiben, wie sie wollte. Sie musste nicht zum Atmen auftauchen.

Anfangs habe ich sie mir in dem Zuhause meiner Adoptiveltern vorgestellt, aber mein ‚kleines Mädchen' lebt nun mit mir in meinem Appartement, wo sie sich sicher fühlt. Sie beobachtet alle Personen vom Fenster des Appartements aus, sie geht in den Central Park, wo sie mit anderen (inneren) Kindern spielt und wenn sie vor mir nach Hause kommt, ist Mother Goose[29] da, um sie mit einer Umarmung und ihrem Lieblingsessen, ein Erdnussbutterbrot und Bananensandwich, zu begrüßen. Die Sache mit Mother Goose kam von einer Diskussion mit meinem Therapeuten. Als ich klein war, arbeiteten meine Eltern beide und oft war ich, wenn ich von der Schule nach Hause kam, alleine in unserem großen Haus. Es fühlte sich immer so an, als ob niemals jemand wieder nach Hause kommen würde und ich war dort verängstigt und ganz alleine. Während meiner Arbeit mit dem Inneren Kind, nachdem sie schmerzliche Erinnerungen durchlebt hat, wurde vorgeschlagen, dass ich sie belohne, indem ich ihr sage sie solle in den Zoo gehen, um die Seehunde oder Bären zu sehen. Dann fügte ich hinzu, dass sie nach Hause gehen solle und ich nach der Arbeit dort sein werde. Als ich dies das erste Mal gemacht habe, schien es mir eine gute Idee, aber beim zweiten Mal brachte es mir ein ungutes Gefühl. Mir ging ein Licht auf! Ich machte das gleiche mit ihr, das mit mir gemacht wurde. Nun geht sie niemals nach Hause, ohne dass Mother Goose oder ich dort bin, um sie zu begrüßen. Ich glaube das Größte, das

29 AdÜ: Literarische Märchenfigur im angloamerikanischen Raum

sie (bisher) getan hat, ist (meiner Meinung nach) zum Zirkus zu gehen, wo sie alle Tiere, die sie wollte, streicheln und auf ihnen reiten konnte, insbesondere die großen Katzen. Sogar Bozo[30] der Clown wartete auf sie und hielt bei ihrer Ankunft eines dieser Schilder mit ihrem Namen darauf hoch. Sie war den ganzen Tag dort! Alle Zirkusleute begrüßten sie und sagten ihr wie glücklich sie sind, dass sie da ist. Als ich sie danach fragte, war sie so aufgeregt, dass sie auf und abhüpfte und gar nicht mehr aufhören konnte zu reden.

Meine Arbeit mit dem Inneren Kind findet in Form von täglicher Pflege und Notfallbehandlung statt. Es war anfangs ganz leicht zu vergessen sie zu kontaktieren und ihr zu sagen, dass ich sie liebe. Nur wenn ich aufgewühlt war, sprach ich mit ihr. Da ich weiß wie schwierig es ist, eine Gewohnheit aufzugeben oder eine mentale Tonspur zu löschen, dachte ich mir ich sollte eine feste Zeit festlegen, wenigstens einmal am Tag, um mit ihr zu sprechen und ihr zu sagen, dass sie sich keine Sorgen über etwaige Verpflichtungen machen muss, dass sie ein süßes, kleines Mädchen ist, leicht zu lieben, dass ich sie liebe und um ihr zu sagen, dass keines der negativen Dinge gerade passiert und nie wieder passieren wird. Ich wählte meine morgendliche Busfahrt zur Arbeit über die Fifth Avenue aus. Als erstes pflege ich mein Inneres Kind, dann und nur dann lese ich irgendein Buch, das ich in dieser Woche lese. Oftmals ist Zeit mit ihr zu verbringen so unterhaltsam, dass ich gar nicht mehr dazu komme überhaupt zu lesen. Die Notfallbehandlung findet jederzeit statt, wenn sie sich ängstlich oder traurig fühlt oder jederzeit, wenn sie mich braucht, um für sie da zu sein.

Das kleine Kind in mir hat Erinnerungen, die vor langer Zeit tief vergraben wurden – Erinnerungen, die Gefühle hochbringen, die nie zuvor ausgedrückt wurden oder zumindest nicht angehört wurden. Ihr zu erlauben zu sprechen, hat mir

---

30 AdÜ: Populäre amerikanische Clown-Figur

das Ausmaß dessen was in meinem jungen Leben passiert ist zu verstehen gegeben und mir geholfen ihr das Gefühl zu geben verstanden und geliebt zu werden. Es war und ist so heilsam in der Lage zu sein mental zu diesen schmerzhaften Zeiten zurück gehen zu können und ‚ihr' die Unterstützung und Bestätigung, die sie nie bekommen hat, zu geben. Die Arbeit mit dem inneren Kind hat mir gezeigt, dass sie ein süßes, kleines Mädchen war, nicht schlecht oder gemein und dass sie viel mehr verdient hat als die Personen, um sie herum in der Lage waren ihr zu geben. Die Arbeit mit dem Inneren Kind hat mich dazu befähigt sie zu leben und nun auch mein erwachsenes Selbst, so wie sie von Anfang an hätte geliebt werden sollen."

Kapitel 26

Der Respekt, den wir nie bekommen haben

Ich habe tausend Mal in deine Augen geschaut und durch sie in dein Herz hinein und ich habe den *Schmerz* und die *Qual* gesehen. Du musstest alleine ertragen, was kein Mensch jemals ertragen sollte. Alleine, versteckt von der Welt, die dich verbannt hat. Du hast dein wertvolles Kind verloren. Dein wertvolles Kind, das durch Adoption vermisst wird und für dessen Verlust du keinen Respekt bekommen hast. Ich kenne deinen Schmerz, denn es ist der Schmerz, den wir von Anfang an geteilt haben. Auserlesener Schmerz, denn es ist unserer. Wenigstens haben wir diesen. Nun, zum Thema Respekt...

Ohne jemanden beschuldigen zu wollen, schlage ich vor, dass wir den Respekt, den wir nie bekommen haben, betrachten. Zunächst müssen wir an den Anfang schauen. Der Anfang war Geburt und Trennung für Mutter und Kind. Für die Adoptiveltern war der Anfang die Entdeckung unfruchtbar zu sein oder nicht in der Lage zu sein auf andere Weise ein Kind in die Familie zu bringen.

Es war wir ein Flugzeugabsturz auf einem Feld. Alle Mütter und Babys lagen weinend dort und die Retter kamen und trugen sie fort in verschiedene Richtungen. Als sie in die Notaufnahme kamen, wurden sie entstaubt, ihnen wurde gesagt, dass es ihnen gut geht und sie wurden auf den Weg geschickt. Die Mütter gingen nach Hause und die Babys gingen in ihr neues Zuhause. Allen wurde gesagt, dass es ihnen gut geht. Die unantastbarste Beziehung der Welt hat sich in Luft aufgelöst. Ihnen wurde gesagt, dass es keinen Unfall gegeben hat, kein Absturz, vergesst es, lebt euer Leben einfach weiter. Den neuen Eltern der Babys wurde gesagt, dass es den Babys gut geht und dass sie die Babys so behandeln sollten, als ob es ihre eigenen wären. Als ob. Das ist eine tolle kleine Redewendung. Als ob.

Als ob ist wie, wenn ich meine Katze behandel, als wäre sie der Deutsche Schäferhund, den ich schon immer haben wollte. Doch ich werde so enttäuscht. Er wird nichts apportieren, er bellt nicht, wenn es an der Tür klingelt und er holt auch nicht meine Hausschuhe. Ich liebe ihn, aber ich werde so wütend, dass er sich nicht so verhält, wie ich es will. Als ob funktioniert einfach nicht.

Was ist den Müttern und Babys des Flugzeugabsturzes also wirklich passiert? Meiner Ansicht nach gibt es keinen bedeutenden Unterschied zwischen der Erfahrung ein Kind durch einen Todesfall und ein Kind durch eine Adoption zu verlieren, außer dass bei einem realen Tod eines Kindes kurz nach der Geburt die Familie und Freunde der Mutter zusammenkommen würden und ihr Mitgefühl über den Tod des Babys ausdrücken würden. Du musst traurig sein, lass mich dich trösten. Ich weiß du hast Schmerzen, lass mich helfen deinen Schmerz zu lindern. Ich weiß du musst wütend sein, lass mich dir helfen. Es würde eine Beerdigung und eine Trauerfeier geben und eine Anerkennung dessen, was wirklich passiert ist. Es würde ein Grab geben, das man besuchen kann und es würde Bestätigung und Heilung stattfinden. Diese Mutter würde Respekt bekommen.

Stattdessen erlebt die Mutter, die ihr Kind zur Adoption verliert, den psychologischen Tod ihres Kindes. Statt Trost wird ihr gesagt, dass sie eine mutige, großzügige, selbstlose und liebevolle Tat vollbracht hat und dass sie es vergessen und ihr Leben fortsetzen soll. Niemand will ihr helfen darüber zu sprechen, es anzuerkennen, darüber zu weinen oder den Verlust ihres Kindes zu betrauern. Daher wird der Verlust nahezu unlösbar. Die Trauer sitzt in ihrem Körper fest und Schmerz innezubehalten ist schädlich. Sie muss in eine Art Schockzustand gehen, um zu überleben, den Pause-Knopf für ihr Leben drücken und empfindungslos werden. Das Leben hat sich für immer verändert. Man kann so nicht leben, man kann nur existieren. Sie bekommt keinen Respekt.

Wenn es einen realen Tod der Mutter kurz nach der Geburt gegeben hätte, würde der Vater des Kindes ihm sagen, dass die Mutter gestorben ist, dass es unglaublich traurig ist, dass dir das passiert ist und du hast bestimmt Schmerzen, lass mich dich trösten und den Schmerz lindern und ich weiß, dass du wütend bist, lass mich dir helfen. Es würde Bilder und Geschichten geben, ein Grab, das man besuchen kann und Trauerarbeit. Schließlich würde das Kind herausfinden, dass die Mutter nicht absichtlich gestorben ist. Dieses Kind würde respektvoll behandelt werden.

Stattdessen erlebt das Kind, dessen Mutter es zur Adoption freigeben hat, den psychologischen Tod seiner Mutter. Aber ihm wird gesagt, dass es besonders oder auserwählt ist oder Glück gehabt hat. Es soll vergessen, dass es jemals eine andere Mutter gegeben hat. Ihm soll glaubhaft gemacht werden, dass dies seine einzige Familie ist, dass alles gut ist. „Als ob" es deine eigene ist. Die Botschaft ist, dass es gut ist, dass deine Mutter nicht für dich da ist, dass sie für dich gestorben ist. Du darfst nicht traurig darüber sein, den Schmerz, die Wut oder die Traurigkeit anerkennen, vielleicht nicht einmal gegenüber dir selbst. Du darfst den Verlust deiner eigenen Mutter nicht betrauern. Die Trauer setzt sich in deinem Körper fest und Schmerz innezubehalten ist schädlich. (Ebenso Wut und Traurigkeit innezubehalten) Das Kind muss in eine Art Schockzustand gehen, um zu überleben und empfindungslos werden. Man kann so nicht leben, man kann nur vortäuschen. Wir Adoptierte sind großartige Schauspieler. Dieses Kind bekommt keinen Respekt.

Was würde passieren, wenn deine Mutter heute stirbt und dir gesagt wird du darfst nicht weinen, du darfst nicht zur Beerdigung gehen und dir muss glaubhaft gemacht werden, dass sie niemals existierte. Was würde mit dir passieren? Nimm dir einen Moment Zeit und denke darüber nach.

Ist das nicht genau das, was den meisten Adoptierten irgendwie bei einer Adoption passiert?

Es scheint mir, dass wir, wenn wir wirklich Respekt für die Mutter und das Kind hätten, alles daran setzen würden, um die Unantastbarkeit dieser Beziehung zu erhalten und sie keinesfalls zu trennen. Wenn Mutter und Kind unter keinen Umständen zusammen bleiben können, wäre eine respektvolle Reaktion auf den Verlust ihres Kindes das Zusammenkommen der Familie und Freunde der Mutter mit den Worten „Es tut mir so leid, dass du dein Baby nicht behalten konntest. Du musst traurig sein, lass mich dich trösten. Ich weiß, dass du Schmerzen hast, lass mich deinen Schmerz lindern. Ich weiß, dass du sicherlich wütend bist, lass mich dir helfen." Dann würde es Trauerarbeit und einer Anerkennung dessen, was wirklich passiert ist, geben.

Wenn Mutter und Kind unter keinen Umständen zusammen bleiben können, wäre eine respektvolle Reaktion der neuen Familie dem Adoptierten auf den Verlust seiner Mutter zu sagen „Du musst sehr traurig sein, dass du deine leibliche Familie verloren hast. Es ist in Ordnung darüber zu weinen. Ich bin auch traurig, dass dir Schmerz zugefügt wurde. Lass mich dich trösten. Du must wütend sein, lass mich dir helfen, bei dir sein und dich halten."

Wenn Adoptiveltern respektvoll behandelt werden würden, hätten sie vollständige Informationen über ihr Adoptivkind und die Wahrheit über die Auswirkungen des Verlusts der leiblichen Familie auf ihr Kind erhalten. Die Adoptionsagentur und andere Personen hätten die Traurigkeit über die Unfruchtbarkeit oder das Unvermögen ein eigenes Kind zu bekommen anerkannt. Ihr Schmerz und ihre Wut wäre zuggestanden worden und sie wären ermutigt worden das Kind, das sie nicht selbst haben konnten, zu betrauern.

Die Realitäten von Adoptionen zu ignorieren, erhöht den Schmerz und die Verletzung. Wie kann man gut funktionieren, wenn einem gesagt wird, dass was der Wahrheit entspricht, nicht wahr ist und was nicht der Wahrheit entspricht, wahr ist?

Wenn ich beispielsweise mein Bein bei einem Unfall direkt nach der Geburt verliere und sie mir sagen, dass ich mein Bein nicht direkt nach der Geburt verloren habe, habe ich mich geirrt. Aber es tut weh, Mami, und dennoch fühlt es sich so an, als wenn etwas fehlt. Und ich stolpere umher als hätte ich nur ein Bein (sie würden darüber nicht lügen, oder?) und ich weiß nicht, warum ich so große Schwierigkeiten habe als Person mit zwei Beinen klarzukommen...

Unsere Gesellschaft will nicht anerkennen, was uns allen passiert ist, uns nicht den nötigen Respekt geben. Um die Wahrheit zu sagen, ich habe mehr als ein Bein verloren, ich habe meine Mutter verloren. Warte, ich habe eine Prothese, eine neue Mutter, einen Ersatz. Warum klappt es nicht genauso gut? Warum tut es immer noch weh? Natürlich haben unsere leiblichen Mütter ihr Baby verloren...aber sie haben keinen Ersatz bekommen.

Respekt ist die Wahrheit. Keine Geheimnisse. Absolute Ehrlichkeit. Wir können alle mit der Wahrheit umgehen.

Haben wir bei Adoptionen unsere Augen nicht fest geschlossen gehabt? Wird es nicht Zeit, dass wir sie weit öffnen?

Nun, wie können wir uns Selbst den Respekt geben, den wir nie bekommen haben? Indem wir lernen unsere Gefühle wahrzunehmen. Indem wir lernen „Ich"-Statements über unsere Erlebnisse zu formulieren.

Indem wir lernen zu sagen „Ich fühle mich traurig, weil _____; ich bin wütend, weil _____; ich bin verletzt, weil _____ (fülle die Lücken)". Wenn wir dies zum ersten Mal laut aussprechen und das erste Mal bestätigt werden, werden unsere Gefühle auf eine Art und Weise real, wie sie es unausgesprochen niemals sein können. Sobald unsere Gefühle real werden, können wir beginnen zu verstehen, warum wir fühlen, was wir fühlen und sobald wir verstehen, warum wir fühlen, was wir fühlen, können wir beginnen die Art und Weise wie die Erlebnisse uns heute beeinflussen zu verändern.

Wir können uns selbst respektieren, indem wir unsere Wut, über das was uns geschehen ist, ausdrücken. Über etwas wütend zu sein, das uns passiert ist und es auszudrücken, macht uns nicht wütende Personen. Wir müssen es ausdrücken. Wenn wir unsere Wut nicht aussprechen, werden wir sie sicherlich ausagieren oder internalisieren, in beiden Fällen ist es schädlich. Es ist Gift und wird unser Leben und unsere Beziehungen vergiften, bis wir es rauslassen.

Wir können uns selbst respektieren, indem wir unsere Traurigkeit ausdrücken. Über etwas Trauriges, das passiert ist, traurig zu sein, macht uns nicht zu Heulsusen oder Schwächlingen. Wir müssen es ausdrücken. Unseren Schmerz innezubehalten, ist schädlich. Es ist Gift und wird unser Leben und unsere Beziehungen vergiften, bis wir es rauslassen.

Der einzige Weg, den ich kenne, um wirklich glücklich zu sein, ist uns selbst den Respekt zu geben alle Gefühle zu empfinden. Wenn wir die Schlechten nicht fühlen, können wir die Guten nicht fühlen.

Die Menschen um uns herum versuchen oft unsere Verluste, unsere Erlebnisse zu bagatellisieren. Wir dürfen es ihnen nicht abkaufen. Wir können uns selbst respektieren, indem wir das wahre Ausmaß der Auswirkungen der Ereignisse zu Beginn unseres Lebens auf uns anerkennen. Wenn wir das wahre Ausmaß unserer Wunden nicht anerkennen, können wir nicht heilen. Nur indem wir die Wahrheit anerkennen, können wir beginnen von unseren Wunden zu heilen. Wenn ich einen Unfall habe und in die Notaufnahme fahre und sie meine Wunden nicht untersuchen, die Tiefen meiner Wunden nicht reinigen und den Schmutz und das Gift herausholen, werde ich eine Infektion bekommen. Die Wunde mag oberflächlich geheilt sein, aber die Infektion ist trotzdem da und ich werde den Preis bezahlen. Nur wenn ich mich selbst respektiere und das Risiko eingehe die Wunde erneut zu öffnen und sie zu säubern, werde ich wirklich heilen können.

Heilung beinhaltet eine Menge Schmerz, aber die Alternative... ich denke wir haben sie alle durchlebt. Wir müssen uns selbst den Respekt geben den Berg des Schmerzes, der zur Heilung führt, zu erklimmen. Der Berg ist steil, aber erkletterbar. Es gibt viele Felsspalten auf dem Weg nach oben, aber jede Spalte bringt dich näher an die Spitze. Wir sind alle hier in dieser Adoptivfamilie um uns gegenseitig zu helfen, uns gegenseitig zu pflegen, uns gegenseitig zu unterstützen, uns untereinander auf diesem Weg zum Respekt und zur Heilung auszutauschen und voneinander zu lernen.

Clarissa Pinkola Estés, die *Die Wolfsfrau - Die Kraft der weiblichen Urinstinkte*[31] geschrieben hat, hat gesagt, dass

---

31 AdÜ: Originaltitel *Women Who Run with the Wolves*

jene, die „verlassen" wurden und sich damit konfrontieren und es durcharbeiten, die stärksten Menschen auf der Erde werden können.

Zweifle nicht eine Sekunde daran. Nur die wirklich Mutigen machen diese Arbeit, kommen zu Konferenzen und Selbsthilfegruppen und arbeiten es durch.

Die Alternative dazu diese Arbeit zu machen – nun, wir können weiter unseren Kopf wie ein Strauß in den Sand stecken, aber wenn wir das tun, ist es wahrscheinlich, dass wir in den Hintern getreten werden und es nicht kommen sehen. Oder um es anders auszudrücken, wenn wir weiter in Verleugnung schwimmen, werden wir wahrscheinlich von einem Krokodil gefressen.

„Adoptionsverlust ist das einzige Trauma der Welt, bei dem von den Opfern von der ganzen Gesellschaft Dankbarkeit erwartet wird." - Pastor Keith C. Griffith, MBE[32]

„Einer der traurigsten Punkte ist, dass so viele Adoptierte und Mütter Angst haben das Risiko der Heilung einzugehen, welches nötig ist, um seine Träume zu verfolgen." *

*„Der Gefangene brach zusammen, da er niemals herausfinden konnte, wessen er sich schuldig gemacht hat." – Der Prozess von Kafka**

*„Menschen können unerklärliche Wertlosigkeit nicht ertragen." - John D. MacDonald**

*„Nicht zu wissen, was vor deiner Geburt passiert ist, bedeutet verurteilt zu sein für immer als Kind zu leben." - Cicero (s. 106-43 v. Chr.)**

---

[32] AdÜ: Bei allen mit Stern gekennzeichneten Zitaten wurden vom Autor keine näheren Quellenangaben benannt.

Teil Sechs:

Anhänge

Anhang A:

Was Adoptierte
Nicht Hören Möchten

1. Du bist besonders, weil du adoptiert bist.
2. Du wurdest auserwählt.
3. Deine leibliche Mutter liebt dich so sehr, dass sie dich zur Adoption freigegeben hat.
4. Du hast Glück gehabt.
5. Es macht nichts.
6. Du solltest nicht wütend sein.
7. Du solltest nicht traurig sein.
8. Du solltest aufpassen, wonach du fragst – es kann sein, dass du Antworten bekommst, die dir nicht gefallen.
9. Indem du sie findest, dringst du in ihr Leben ein.
10. Wieso interessierst du dich für jemanden, der dich nicht wollte?
11. Warum willst du jemanden finden, den du nie gekannt hast?
12. Seitdem du mit der Suche angefangen hast, bist du besessen davon.
13. Aber deine Adoptiveltern lieb(t)en dich so sehr.
14. Aber du verletzt deine Adoptiveltern.
15. Babys erinnern nichts.
16. Du bist undankbar.
17. Du hast keinen Respekt für deine Adoptiveltern.
18. Komm darüber hinweg!
19. Wenn sie dich geliebt hätte, hätte sie dich nicht weggeben.
20. Du bist übersensibel.
21. Vergiss es und leb dein Leben.

22. Warum willst du sie überhaupt finden?
23. Es ist Vergangenheit; du kannst es nicht ändern.
24. Du hast kein Recht ihr Leben zu stören.
25. Aber deine Adoptiveltern wollten dich wirklich.
26. Wo ist das Problem? Waren deine Adoptiveltern nicht gut genug?
27. Du bist egoistisch und respektlos!
28. Haben es deine Eltern nicht gut genug gemacht?
29. Wie viele Mütter brauchst du noch?
30. Oh...du bist eine von denen?
31. Ihr Adoptivkinder solltet ihre Privatsphäre respektieren.
32. Aber du siehst aus, als kämest du aus so einer guten Familie.
33. Aber du siehst gar nicht adoptiert aus.
34. Nun ja, vielleicht hat es so sollen sein.
35. Wenn sie dich damals nicht wollte, warum sollte sie dich jetzt wollen?
36. Es kann sein, dass du die Büchse der Pandora öffnest. (Wenn man die Büchse öffnet und die Dämonen heraus lässt, bleibt nur Hoffnung übrig.)

Du kannst deine eigenen Sätze, die man nicht sagen sollte, hinzufügen!

Anhang B:

Was leibliche Eltern
Nicht Hören Möchten

1. Vergiss es (dein Baby) und leb dein Leben.
2. Lass ihn/sie in Ruhe; er/sie hat nun eine andere Familie.
3. Du hast das Richtige getan.
4. Du wirst ihr/sein Leben zerstören/durcheinanderbringen, wenn du Kontakt herstellst.
5. Du wärst nicht in der Lage gewesen, für dein Kind zu sorgen.
6. Es war für das Kind besser zwei Elternteile zu haben.
7. Wecke keine schlafenden Hunde.
8. Dein Kind hat nun seine eigene Familie.
9. Aber du hattest andere Kinder und solltest nun glücklich sein.
10. Warum lässt du es nicht einfach hinter dir?
11. Dein Kind war so besser dran.
12. Das ist Schnee von gestern.
13. Wenn er/sie dich braucht, wird er/sie nach dir suchen kommen. Du solltest nicht nach ihm/ihr suchen!
14. Du hast die Entscheidung getroffen und du kannst deine Meinung nicht ändern.
15. Aber du bist nicht *wirklich* ihre/seine Mutter.
16. Das ist lange her. Was ist los mit dir?
17. Er/Sie ist so eine tolle Person geworden, du solltest dankbar sein.
18. Er/Sie hat ein gutes Zuhause.
19. Du hast noch andere Kinder.

20. Konzentriere dich auf deine eigene Familie.
21. Du musst sie loslassen.
22. Er/sie ist nicht deins.
23. Denke an seine/ihre richtigen Eltern.
24. Sei nicht egoistisch.
25. Er/sie hat eine Mutter.
26. Du wärst keine gute Mutter gewesen.
27. Respektiere „deren" Privatsphäre.
28. Eines Tages wirst du ihn/sie vergessen.
29. Du brauchst Hilfe!
30. Wann wirst du endlich darüber hinwegkommen?
31. Sei froh, dass du keine Abtreibung hattest.
32. Wie viele Kinder hast du noch?
33. Er/sie sieht aus wie seine/ihre Adoptiveltern.
34. Er/sie wird dir niemals vergeben.
35. Was gibt es sonst Neues?
36. Sag es nicht deinen Kindern.
37. Du bist richtig besessen damit geworden.
38. Eines Tages wirst du das Foto wegwerfen.
39. Warum jetzt, nach all den Jahren?
40. Du hast deine Rechte vor langer Zeit verloren.
41. Ich bin dankbar, dass du mich zur Adoption freigegeben hast.

Du kannst deine eigenen Sätze, die man nicht sagen sollte, hinzufügen!

Anhang C:

Was Adoptiveltern
Nicht Hören Möchten

1. Wie viel hat er/sie gekostet?
2. Warum habt ihr adoptiert – konntet ihr kein „eigenes" Kind bekommen?
3. Habt ihr das Baby gekauft?
4. Vielleicht werdet ihr jetzt, wo ihr adoptiert habt, „euer eigenes" Kind bekommen.
5. Er/Sie sieht wie keiner von euch aus.
6. Was werdet ihr tun, wenn er/sie nach seinen leiblichen Eltern suchen will?
7. Kennt ihr seine/ihre „richtigen" Eltern?
8. Ich hoffe sehr, dass er/sie in eure Familie passt!
9. Warum wollte seine/ihre richtige Mama ihn/sie nicht?
10. Sag ihm/ihr niemals, dass er/sie adoptiert ist, er/sie wird es niemals erfahren.
11. Zu schade, dass ihr adoptieren musstet!
12. Wessen Schuld ist es, dass du nicht schwanger wirst?
13. Was ist er/sie?
14. Konntet ihr euch kein weißes Kind leisten?
15. Was werdet ihr machen, wenn er/sie anfängt zu suchen?
16. Wessen Augen hat er/sie?
17. Welche Religion haben seine/ihre Eltern?
18. Ist ihr/sein Vater farbig?

Du kannst deine eigenen Sätze, die man nicht sagen sollte, hinzufügen!

Anhang D:

Über versiegelte Adoptionsakten

Zum Zeitpunkt des Verfassens dieses Buches erlauben fünf Staaten Adoptierten in den Vereinigten Staaten von Amerika, Alaska, Delaware, Hawaii, Kansas und Tennessee, Einsicht in ihr Original der Geburtsurkunde. Im November 1998 wählten die Einwohner von Oregon in einem Volksentscheid dafür Adoptierten Einsicht in ihre Original Geburtsurkunden zu gewähren, aber das Recht wird von denjenigen herausgefordert, die behaupten, dass Adoptierte kein Recht auf solche Informationen haben, weil sie ihre Mütter aus der Fassung bringen könnten. Ohio gibt Adoptierten Einsicht in ihre Original Geburtsurkunden, wenn sie vor 1963 geboren sind. Zahlreiche andere Staaten führen eine Suche im Auftrag des Adoptierten durch, aber wenn die Mutter keinen Kontakt möchte, kann der Adoptierte auf eigene Faust suchen.

Die meisten Adoptierten, die suchen, egal ob sie in einem Staat geboren worden, der Akteneinsicht gewährt oder nicht, werden Erfolg haben, wenn sie hartnäckig sind. Warum sollten sie allerdings so viel Zeit, Geld, Energie und Emotionen investieren müssen, um ihre Vergangenheit herauszufinden?

In den meisten Ländern außerhalb des nordamerikanischen Kontinents bekommen Adoptierte mit dem Erreichen der Volljährigkeit Akteneinsicht.[33] In Holland wurde kürzlich für Adoptierte das Alter, um ihre Original Geburtsurkunde zu be-

---

33 AdÜ: In Deutschland können Adoptierte mit Vollendung des 16. Lebensjahres unter Anleitung einer Fachkraft der Adoptionsvermittlungsstelle Einsicht in Ihre Vermittlungsakte nehmen, um über Ihre Herkunft und Lebensgeschichte Auskunft zu erhalten.

kommen von 14 auf 12 Jahre reduziert, da ihnen die Wichtigkeit des Wissens während der Adoleszenz bekannt ist. In Belgien, Holland, Schweden, Australien und Neuseeland haben die Regierungen sich sehr bemüht Trennungen von Mutter und Kind zu stoppen, weil sie wissen, dass die Trennung verheerende Auswirkungen auf beide Leben hat.

Als die Adoptionsakten in England 1976 geöffnet wurden (Child Welfare Act von 1975) war die Begründung, dass das Recht einer adoptierten Person auf seine Herkunft das „angebliche" Recht von jemandem auf Privatsphäre ersetzt. Darüber hinaus gaben die Sozialarbeiter und diejenigen, die Akteneinsicht für Adoptierte vorangetrieben haben an, dass sie die falsche Frage gestellt haben. „Wir haben uns gefragt, warum diese Adoptierten suchen wollen. Die eigentlich Frage ist, was haben wir als Gesellschaft getan, dass Adoptierte Angst haben zu suchen?"

Privatsphäre Angelegenheiten wurden als Argumente gegen Akteneinsicht von den wenigen Personen angepriesen, die den Zugang zu Informationen einer adoptierten Person oder eines leiblichen Elternteils gegenüber ihrem verlorenen Verwandten ablehnen. In den meisten Staaten der Vereinigten Staaten von Amerika wurden Adoptionsakten sogar verschlossen, um die beteiligten Parteien vor Erpressung der Außenwelt zu schützen, nicht um Kontakt zueinander zu verhindern. Des Weiteren gibt die neue Mutter in den meisten Verzichtserklärungen in den USA das Recht ihr Kind zu erziehen auf, nicht mehr. Im Gegensatz zu den Aussagen der Gegner von Akteneinsicht werden die Privatsphäre, Suche oder Fürsorge in den Freigabedokumenten nicht erwähnt. Darüber hinaus gibt es von vorneherein keine Garantie auf Privatsphäre, da die meisten Staatsgesetze eine Klausel haben, dass der Richter einer adoptierten Person, wenn sie einen guten Grund angibt, alle Information geben kann.

„Das Gesetz muss mit dem Leben in Einklang sein. Es kann und sollte breite historische Strömungen der Geschichte nicht ignorieren. Die Menschheit ist durch keinen größeren Drang besessen als die uralten Fragen: ‚Wer bin ich?' und ‚Warum bin ich?' Selbst jetzt werden der Sand und die Asche der Kontinente gesiebt, um herauszufinden, wo wir unsere ersten Schritte als Menschen gegangen sind. Die Religionen der Menschheit beinhalten oft eine Art der Ahnenverehrung. Für viele ist die Zukunft blind ohne Sicht auf die Vergangenheit. Diese Emotionen und Ängste, die unseren Wissensdurst die Vergangenheit zu kennen hervorrufen, sind nicht oberflächlich und launenhaft. Sie sind real und sie sind ein ‚guter Grund' nach dem Recht der Menschheit und Gottes." – Hon. Wade Weatherford, S. Carolina Circuit Court Judge.

New York Newsday, BRIEFE, Dezember 1990

Kein Mindestalter! von Joe Soll

„Wenn ich als Erwachsener heiraten möchte, benötige ich die Erlaubnis meiner Eltern? Brauche ich ihre Erlaubnis, um mich scheiden zu passen? Warum sagt Ann Landers dann in ihrer Ratgeber-Kolumne vom 12. Dezember dem „Interim Parent" aus Salem, Oregon, dass sie denkt, dass adoptierte Kinder die Erlaubnis ihrer Eltern haben sollten, um sich mit ihrer leiblichen Familie wiederzuvereinigen? Und warum wird ein Erwachsener, der als Kind adoptiert wurde, ein „Adoptivkind" genannt?

Als Psychotherapeut, Adoptierter und angeblich freier Mensch, bin ich nicht damit einverstanden meine Eltern für irgendetwas, das ich tue, um Erlaubnis zu fragen. Das ist Bevormundung und Erniedrigung.

Ich habe buchstäblich Tausenden von Adoptierten und leiblichen Eltern geholfen sich wiederzuvereinigen – ohne die Erlaubnis der Adoptiveltern – und nicht einmal in acht Jahren habe ich einen Adoptierten gesehen, der von seinen oder ihren leiblichen Eltern zurückgewiesen wurde; die meisten Adoptierten kommen ihren Adoptiveltern nach der Wiedervereinigung näher denn je.

Adoptierte haben nicht darum gebeten zur Adoption freigegeben zu werden. Sie sollten mit Sicherheit das Recht eines jeden Menschen auf dieser Erde haben zu wissen, wer sie auf diese Welt gebracht hat und ihre Herkunft zu kennen. Sie haben das Recht gleich zu sein und nicht für immer als Kinder betrachtet zu werden. Erwachsene handeln ihre Beziehungen aus ohne irgendjemanden um Erlaubnis zu fragen."

Anhang E:

Verluste bei der Adoptionsüber-gabe

(von Darlene Gerow und inspiriert von Ken Watson, Ph.D.)

Bevor wir anfangen, liste bitte deinen Favoriten in jeder der fünf Kategorien auf.

Schreibe deine Auswahl auf.

Dein Lieblings-: **Geräusch**

Dein Lieblings-: **Geschmack**

Dein Lieblings-: **Geruch**

Dein Lieblings-: **Ort**

Deine Lieblings-: **Person**

Auch wenn es schwierig ist, wähle zwischen deinen Favoriten aus und streiche den, den du am wenigsten vermissen wist. Setzte das Aussortieren fort, bis alle deine Lieblingsdinge weg sind.

Schreibe sorgfältig auf, wie es sich anfühlt, sich vorzustellen alle deine Lieblingsdinge zu verlieren, deine Lieblingsperson eingeschlossen.

Die Lieblingssachen eines Kindes sind vielleicht leichter zu erkennen, aber berücksichtige bitte die Lieblingssachen eines Babys und die sehr realen Verluste während der Erfahrung der Übergabe zur Adoption.

Das Lieblings- **Geräusch** eines Babys	Das regelmäßige Ein- und Ausatmen meiner Mutter und der zuverlässige Rhythmus ihres Herzschlages. Aber hauptsächlich der Klang ihrer Stimme.
Der Lieblings- **Geschmack** eines Babys	Meine Muttermilch, ausschließlich für mich produziert. Und der Geschmack ihrer Haut, ihre Brüste. Es ist alles eins.
Der Lieblings- **Geruch** eines Babys	Der Geruch der Haut meiner Mutter während ich mein Gesicht in ihrem Hals vergrabe. Es ist einfach und richtig. Es ist, wo ich hingehöre.
Der Lieblings- **Ort** eines Babys	In den Armen meiner Mutter gewogen, bei den Geräuschen, Gerüchen und Geschmäckern, die ich seit meiner Zeugung erlebt habe. Das ist mein Zuhause.

Die Lieblings- **Person** eines Babys	Meine Mutter ist mein Universum. Sie ist ein Teil von mir, genauso wie ich ein Teil von ihr bin. Niemand kann sie ersetzen. Wenn ich von ihr getrennt werde, werde ich mich mein ganzes Leben nach ihr sehnen.

Adoptierte, unabhängig von ihrem Alter, ob sie neugeboren oder älter sind, inlands- oder auslandsadoptiert, geben alle ihre Lieblingssachen auf, wenn sie adoptiert werden.

Der Verlust beginnt mit ihrem Namen. Sie verlieren alle Informationen über sich und ihre Herkunft. Sie verlieren ihre Identität.

Sie verlieren alles. Sie verlieren die Gerüche, die Geschmäcker, die Geräusche, die Orte und die Personen, die ihnen vertraut sind... all ihre Lieblingssachen. Alles, was sie jemals gekannt haben, ist verloren und hat sich für immer verändert.

Ihr größter Verlust, wie du sicherlich verstehen wirst, ist der Verlust ihrer Lieblingsperson. Mama! Sie verlieren unwiderruflich ihre liebste Person.

Wenn eine Trennung von Mutter und Kind stattfinden muss und es keinen anderen Weg gibt, können wir durch Anerkennung des Verlustes des Adoptierten, versuchen den Schmerz zu lindern, indem so viel seines vorherigen Lebens beibehalten wird wie möglich. Mit Empathie können wir den Übergang menschlicher gestalten.

Kommentare des Autors:

Es gibt einige Beweise, dass Neugeborene „wissen", wenn sie in die Augen ihrer leiblichen Mutter oder einer anderen Person schauen. Dies könnte die große Anzahl an Sehstörungen unter Adoptierten erklären. Wenn der Säugling wirklich weiß, wenn er nicht in die Augen seiner Mutter schaut, hat er ein weiteres seiner Lieblingsdinge verloren und seine

> „Die Bindung zwischen einer Mutter und ihrem Kind ist von Natur aus unantastbar. Sie ist körperlich, psychologisch und spirituell. Sie ist sehr resilient und sehr flexibel. Sie kann sich weit erstrecken – natürlich. Jegliche gewaltsame oder brutale Verletzung dieser „Ausdehnung" erzeugt ein psychisches Trauma bei Mutter und Kind – für alle Ewigkeit. Das bedeutet, dass Kinder ihre Mutter brauchen und Mütter brauchen ihre Kinder – unabhängig davon ob eine Mutter verheiratet ist oder nicht." - Mothers On Trial, The Battle For Children and Custody - Phyllis Chesler

allgemeinen Angstzustände werden noch mehr verstärkt.

Die Verluste einer Mutter durch die Adoptionsübergabe sind die Kehrseite der Verluste des Adoptierten. Genauso groß, genauso wichtig, genauso unwiderruflich, genauso schmerzhaft, genauso traurig und genauso tragisch.

Anhang F:

Aktivitäten mit dem Inneren Kind

Hier ist eine Liste von einigen angenehmen Aktivitäten, die du mit deinem Inneren Kind zusammen machen kannst.

1) Mache etwas, das du als Kind immer tun wolltest, aber nie durftest z. B. lasse JEDE Nacht den Hund mit deinem Inneren Kind in deinem Bett schlafen.
2) Schwimme mit Delfinen – für einige würde es ausdrücklich Flipper sein.
3) Schwimme mit Polarbären (sie werden dich nicht verletzen und du wirst nicht auftauchen müssen, um Luft zu holen).
4) Besuche einen Zoo/Zirkus und gehe „Backstage".
5) Besitze ein (oder zwei) Pony(s).
6) Besitze einen Habicht oder einen Adler.
7) Besitze alles Spielzeug auf der Welt, das du dir wünschst.
8) Wenn du, der Erwachsene, nicht mit deinem Inneren Kind zu Hause sein kannst, lasse Mama Bär oder Mutter Gans oder Mickey Mouse auf es aufpassen.
9) Wenn du kein Extrazimmer für dein Inneres Kind hast, errichte dir eins in deiner Vorstellung – selbst wenn es im 30. Stock ist und aus deinem Gebäude herausragt.
10) Fliege.
11) Sitze auf einer Wolke.
12) Lass dein Inneres Kind alleine in einen öffentlichen Park gehen und wissen, dass es sich keine Sorgen machen muss von irgendjemandem verletzt zu werden.

13) Habe eine Badewanne so groß wie ein Schwimmbecken.
14) Wenn es einen besonders ängstlichen Tag hatte, sag ihm, dass zwei (nur zu ihm) freundliche Riesen vor der Tür warten, um ihn zu beschützen.
15) Lass es so lange aufbleiben, wie es möchte.
16) Es ist nicht mehr allergisch und kann eine Katze, einen Hund, einen Leguan, einen Kakadu oder welches Tier auch immer es sich wünscht, haben.
(Sag deinem Inneren Kind laut in deinem Kopf, dass es nicht mehr allergisch sein muss.)
17) Gehe mit ihm in ein Museum und lass ihn alles aufheben oder anfassen, was es möchte.
18) (Besonders vor der Wiedervereinigung) Stelle dir dein Inneres Kind vor und lasse seine leibliche Mutter ins Bild treten und umarme sie.

Hier sind einige Heilungsrituale für dich und dein Inneres Kind, die ihr gemeinsam machen könnt:

Zünde eine Kerze an und dann:

1) Lass die Flamme deinen brennenden Wunsch etwas zu haben, was nicht mehr existiert, repräsentieren, wie beispielsweise zurückzugehen und dieses Mal von deiner leiblichen Mutter großgezogen zu werden. Wenn du bereit bist, aufzuhören zu wollen, dass dieses Unmögliche eintrifft, puste die Flamme aus, die dich davon abhält dein Leben zu leben, die dich mit einem Wunsch nach dem Unmöglichen verbrennt.
2) Lass die Flamme deine Verluste repräsentieren. Es ist Zeit darum zu trauern, was du nicht hattest. Lasse die Flamme eine Gedenkstätte sein, ein Symbol für etwas, dass du verloren hast, so dass du trauern kannst. Weine um all das, was du all die Jahre unterdrückt und verdrängt hast.

3) Lass die Flammen der Funken sein, den du bis zu diesem Punkt deines Heilungsprozesses mit dir herumgetragen hast. Schätze die Flamme. Erkenne deine Stärke an.

4) Lass die Flamme deine Energie sein ein Loch in deinen Garten oder im Wald zu graben und einige deiner unerreichbaren Wünsche zu vergraben. (Du könntest sie tatsächlich zu Papier bringen und dann in einer Box oder Dose vergraben etc.).

Anhang G:

Zeitungsartikel

DIE VORTEILE DES STILLENS von Liz Grapentine

Stillen nährt auch das Herz und die Seele des Babys. Warm in den Armen der Mutter eingekuschelt, hört es den Herzschlag, den es im Mutterleib neun Monate lang gehört hat, trinkt es die warme, süße Milch und gleichzeitig Liebe seiner Mutter. Stillen, eine körperliche Notwendigkeit, beinhaltet eine intime körperliche und emotionale Bindung zwischen der Mutter und ihrem Baby. Das Baby wird genau in der richtigen Distanz zum Gesicht der Mutter gehalten, um sie und nur sie zu sehen. Weil Muttermilch so schnell verdaut wird (alle 1,5-3 Stunden), wird das Baby die meiste Zeit gehalten. Wenn eine Mutter ihrem Baby so viel Zeit widmet, erhöht es sicherlich die Wahrscheinlichkeit, dass sie und ihr Baby sich wirklich emotional miteinander verbinden. Die Mutter wird genug mit dem Baby zusammen sein, um mit den Bedürfnissen ihres Babys vertraut zu werden und am Besten zu wissen, wie sie darauf reagiert. Wenn die Mutter eines Babys dazu in der Lage ist, wird ihr Baby lernen seiner Mutter zu vertrauen und somit eine gesunde Basis für alle Beziehungen im weiteren Leben bilden. Ein gestilltes Baby weiß, dass seine Bedürfnisse mit Liebe und Sorge erfüllt werden, dass es wertvoll genug ist, um bei Personen, die es lieben, zu sein und dass es anderen in der Zukunft vertrauen kann seine Bedürfnisse zu erfüllen und umgekehrt. Ein gestilltes Baby weiß, wie es nach Hause findet.

Gleichzeitig nährt die Beziehung des Stillens die Mutter ebenso. Sie lernt zu bemuttern, indem sie nach den Bedürfnissen ihres Kindes schaut, zunächst während sie stillt. Dann kann sie dieses Modell der Bedürfniserziehung auf die weiteren Mutterschaftserfahrungen anwenden. Im wahrsten Sinne zieht das Baby die Mutter, die es braucht, in diesem Prozess heran.

Es gibt weitere Vorteile, die bei einer stillenden Mutter entstehen. Frauen, die ihre Kinder gestillt haben, erkranken seltener an Brust-, Gebärmutter-, Gebärmutterhals- und Eierstockkrebs. Stillende Mütter senken ihr Osteoporoserisiko und sie verlieren in den ersten Monaten nach der Geburt mehr Gewicht. Die stillende Mutter wird in ihrer Entscheidung zu stillen bestärkt, da sie versteht, dass sie alleine dazu in der Lage ist, das beste Essen für ihr Baby bereitzustellen.

The Associated Press, 2. Dezember 1997

Mütter dringend gebeten ein ganzes Jahr zu stillen

CHICAGO (AP) – Mütter sollten ihre Babys mindestens ein Jahr lang stillen, gemäß der Empfehlung einer pädiatrischen Gruppe, die eine 15 Jahre alte Aussage ersetzt, die sechs bis zwölf Monate Stillen empfiehlt. Das Füttern sollte nach Aussage der American Academy of Pediatrics letzten Montag innerhalb einer Stunde nach der Geburt beginnen und acht bis zwölf Mal alle 24 Stunden fortgesetzt werden, wobei jedes Stillen 20 bis 30 Minuten dauern sollte. Das Stillen sollte über den ersten Geburtstag des Kindes hinaus fortgesetzt werden „solange, wie es beidseitig gewünscht ist", sagte die national größte Gruppe der Kinderärzte.

Fast alle Babys, auch krank oder frühgeborene, sollten nach der neuen Empfehlung gestillt werden. Die einzigen Ausnahmen sollten nach der Akademie Mütter sein, die illegale Drogen nehmen, Tuberkulose oder den AIDS-Virus haben. Kritiker sagen die neuen Empfehlungen und das hohe Engagement, das sie benötigen – bis zu sechs Stunden pro Tag – seien realitätsfremd.

„Ich denke diese Richtlinien werden ein Problem für Mütter darstellen, die keine andere Wahl haben als schnell wieder ins Berufsleben zurückzukehren." sagt Janice Rocco der nationalen Organisation für Frauen. „Vielleicht haben sie bereits Schuldgefühle wieder arbeiten zu gehen und dies kann sie noch erhöhen." Firmen können helfen, indem sie private Räume zur Verfügung stellen, in denen stillende Mütter Milch abpumpen können, so dass sie in Flaschen gefüllt gekühlt wird und ihre Babys später damit gefüttert werden, sagte die Akademie, die sich im Raum Chicago befindet. Untersuchungen haben gezeigt, dass gestillte Babys mit geringerer Wahrscheinlichkeit Krankheiten wie Durchfall, Ohrinfektionen und bakterielle Meningitis entwickeln als Babys, die mit Säuglingsnahrung gefüttert werden. Einige Studien weisen auch darauf hin, dass Stillen gegen Krankheiten wie Diabetes, Lymphome und Allergien schützen könnte.

Darüber hinaus zeigen Studien, dass Mütter, die Stillen ihr Risiko für Eierstock- und Brustkrebs vor den Wechseljahren senken und schneller ihr Gewicht von vor der Schwangerschaft erreichen als Mütter, die Flaschennahrung füttern.

Los Angeles Times News Service

Die Liebe einer Mutter, mit dem Gehirn verknüpft von Robert Lee Holz

Deprivation schädlich für Wachstum

NEW ORLEANS – Bei der Erforschung der Biologie der Mutterliebe haben Forscher berichtet, dass elterliche Fürsorge einen so nachhaltigen Effekt auf ein Kleinkind hat, dass die Trennung von der Mutter oder Vernachlässigung tief greifende Auswirkungen auf die Biochemie des Gehirns mit lebenslangen Folgen für Wachstum und geistige Fähigkeiten haben kann.

Kinder, die ohne regelmäßige Umarmungen, Streicheln oder Kuscheln aufwachsen und denen demnach die körperliche Beruhigung normaler familiärer Aufmerksamkeit vorenthalten wird, haben entsprechend neuer Forschungsergebnisse rumänischer Waisenkinder, die in staatlichen Krankenhäusern aufwachsen, einen überdurchschnittlich hohen Stresshormonspiegel. Darüber hinaus zeigen tierexperimentelle Forschungsergebnisse, dass ohne einen liebevollen Betreuer im frühen Leben einige der Gehirnzellen des Kindes absterben. Während das heranwachsende Gehirn normalerweise Zellen während der Entwicklung reduziert – die Hälfte geht bis zum Erwachsenenalter verloren – starben die Neuronen der vernachlässigten Tiere doppelt so schnell wie jene der Tiere, die bei ihren Müttern blieben.

„Was wir herausgefunden haben, hat uns schockiert" sagt Psychologe Mark Smith im Du Pont Merck Forschungslabor in Wilmington (Delaware), am Montag. Smith analysiert die Auswirkungen mütterlicher Deprivation bei Versuchstieren. „Die Trennung der Mutter verursachte ein Absterben der Gehirnzellen. Die Auswirkungen mütterlicher Deprivation könnten noch tief greifender sein, als wir vermutet haben." sagte er. „Hat das Konsequenzen für Menschen? Offen gesagt hoffe ich nicht, aber ich vermute, dass es sein könnte.

Wissenschaftler haben seit Jahrzenten gewusst, dass mütterliche Deprivation Kinder lebenslang prägen kann, beispielsweise durch ernsthafte Verhaltensprobleme; es kann sie zurückgezogen und/oder apathisch hinterlassen, sie können langsame Lerner sein oder anfälliger für chronische Erkrankungen. Aber eine Reihe neuerer Forschungen, die bei einem Treffen der Gesellschaft für Neurologie (Society for Neuroscience) in New Orleans präsentiert wurden, zeigen zum ersten Mal die biochemischen Konsequenzen emotionaler Vernachlässigung auf das sich entwickelnde Gehirn.

„Es war lange bekannt, dass frühe Erfahrungen in der Lage sind das Gehirn und Verhalten zu prägen" sagt Ron de Kloet, ein Experte für Stress und das Hormonsystem der Universität Leiden in den Niederlanden. „Erst kürzlich konnten wir im Gehirn messen, was tatsächlich bei frühen Erfahrungen passiert." Es ist die Beziehung zwischen elterlicher Fürsorge, der Neurobiologe der Berührung und der Chemie von Stress, die den neuen Erkenntnissen wie ein neugeborenes Baby geprägt wird zugrunde liegt. Forscher sagen, dass Vernachlässigung die sich entwickelnden neuronalen Schaltkreise verformen kann, so dass sie zu viele oder zu wenig Hormone produzieren, die die Stressreaktionen kontrollieren. Permanente Veränderungen im Verhalten des Organismus und der Reaktion auf die Umwelt können daraus entstehen. Bei Kleinkindern können hohe Konzentrationen an Stresshormonen auch das Wachstum und die Entwicklung des Gehirns und des Körpers beeinträchtigen.

Bei Tierversuchen „garantiert die Anwesenheit der Mutter, dass die Konzentration an Stresshormonen niedrig bleibt" sagt Michael Meaney vom Douglas Hospital Research Center in Montreal. Neue Laborforschungen von Meaney und weiteren Neurowissenschaftlern betonen die langfristigen biochemischen Auswirkungen von Vernachlässigung und die Folgen mütterlicher Fürsorge auf die Entwicklung der Gehirnregionen, die für die Kontrolle von Stressreaktionen verantwortlich sind.

Studien mit Versuchstieren zeigen, dass die simple Handlung einer Mutter, die ihren Welpen leckt, eine überraschend subtile Kette biochemischer Reaktionen im Gehirn des Kindes auslöst. Während die Mutter ihr Neugeborenes körperlich beruhigt, regt es die Produktion entschiedener Biochemikalien an, die die Produktion eines Hauptstresshormons namens CRH hemmen. Um herauszufinden, ob diese neuen Forschungsergebnisse auf die menschliche Kindererziehung anzuwenden sind, werten die Forscher nun die sich verändernde Chemie von Kindern und die Aufmerksamkeit, die sie von ihrer primären Versorgungsperson, sei es Mutter, Vater oder Erzieher, erhalten, aus.

Rockland County Journal News
10. September 1996

**Reste von Babys bleiben Müttern über Jahre erhalten
von Karl Leif**

Mütter und Kinder habe eine spezielle Bindung und sie ist tiefer als Sie es sich vielleicht vorstellen können. Wie sich gezeigt hat, tragen Mütter noch Jahrzehnte nach der Geburt kleine Teile jedes geborenen Babys in ihrem Blutkreislauf.

Das Forschungsteam eines Wayne State University (Detroit) Professors stieß auf diese Entdeckung als sie versuchten einen nicht-invasiven Test zur Feststellung von Geburtsfehler zu entwickeln. Die Erkenntnisse werfen eine Menge interessante Fragen auf, nicht zuletzt wie die offensichtlich fremden Zellen es schaffen sich jahrzehntelang mühsam durchzuschlagen ohne die Aufmerksamkeit des mütterlichen Immunsystems zu erregen.

„Jeder ist darauf gespannt" sagt Dr. Mark Evans, ein Medizinprofessor und Mitglied des Teams. Aber das Ziel der Studie ist einen zuverlässigen Test für Geburtsfehler zu entwickeln, eine Aufgabe, die viele weitere Jahre dauern kann. Als Teil der Forschung nahm das Team schwangeren Frauen Blut ab und überprüfte es auf fetale Zellen. In den Blutproben von Frauen, die weibliche Kinder bekamen, fanden sie Y Chromosome, der genetische Marker eines männlichen Babys. „Wir wissen, dass diese nicht der Mutter gehören und sie schienen nicht zum aktuellen Fetus zu gehören", sagte Dr. Diana W. Bianchi, Leiterin der perinatalen Genetik im Boston's New England Medical Center.

In dem Gedanken es könnte ein Laborfehler sein, überprüften die Forscher es erneut. Dieses Mal nahmen sie Blut von Frauen, die zuvor Jungen ausgetragen hatten, aber nun mit Mädchen schwanger waren. Alle vier Frauen trugen fetale Zellen mit Y Chromosomen in sich. Daraufhin schauten sie sich acht Mütter an, die nicht schwanger waren, aber in den letzten drei Jahrzehnten einen Sohn zur Welt gebracht hatten. Sechs der Acht trugen fetale Zellen mit einem Y-Chromosom in sich. Eine der Frauen hatte ihren letzten Jungen vor 27 Jahren zur Welt gebracht.

„Als berufstätige Mutter, die viel reist, ist es ein wenig beruhigend zu wissen, dass ich meine Kinder immer bei mir trage", sagt Bianchi lachend. Die Zellen, die sie gefunden haben, sind unausgereifte weiße Blutzellen der männlichen Babys, obwohl Bianchi sicher ist, dass auch Zellen weiblicher Babys zurückbleiben. „Es ist einfach viel leichter Y Chromosome zu verfolgen", sagte sie. Weibliche Zellen kommen in sehr kleiner Anzahl im Blutkreislauf der Mutter vor und müssen mit verschiedenen Techniken für die Studie isoliert werden.

„Es ist buchstäblich als suche man nach der Nadel im Heuhaufen" sagte Evans. Wenn der vorgeschlagene Bluttest für fetale genetische Defekte perfektioniert werden kann, wäre die Technik sicherer als Amniozentese, wobei der Uterus mit einer langen Nadel durchstochen wird. Amniozentese kann zu Fehlgeburten bei etwa einem von 200 Untersuchungen führen. „Wenn wir das hinbekommen, könnte man die selben Antworten wie bei einer invasiven Untersuchung bekommen", sagte Evans.

The New York Times Science Watch
30. April 1991

Die Schlüsselrolle des Geruchs bei der Bindung eines Kleinkindes

Für ein neugeborenes Kleinkind, dessen unscharfe Sicht lediglich ein unklares Bild seiner Mutter erfasst, ist es nicht Liebe auf den ersten Blick, sondern auf den ersten Geruch. Darüber hinaus wird, wie in der April Ausgabe von Pediatrics[34] berichtet, übermäßiger Gebrauch von Parfum während der ersten Tage nach der Geburt das Baby in die Irre führen und Bindung verhindern.

„Neugeborene lernen den Geruch ihrer Mutter zu bevorzugen und diese Vorliebe hilft ihnen Kontakt zu erhalten und die Brustwarze der Mutter zum Stillen zu finden", sagt Dr. Michael Leon, Professor für Psychologie an der University of California in Irvine. „Eine neue Mutter, die sehr viel Parfum benutzt, könnte ihren eigentlichen Geruch überdecken und eine natürliche Bindung erschweren."

---

34 AdÜ: Kinderheilkunde

Forschungen an Ratten und anderen Säugetieren haben ähnliche Muster offenbart. Dr. Leon und seine Kollegen fanden heraus, dass sich die „primäre Geruchserinnerung" beim Menschen in weniger als 10 Minuten bildet. Dennoch muss es zusätzliche taktile Stimulation geben oder diese besondere Erinnerung wird nicht dauerhaft im Gehirnprozess verankert. Dies stellt sicher, dass Kleinkinder sich nicht an andere Gerüche in der Luft binden. „Wir haben Babys mit Erlaubnis ihrer Mütter in eine Wiege gelegt, wo sie Zitronengerüchen ausgesetzt wurden während wir sie sanft für 10 Minuten über den Oberkörper gestreichelt haben" sagte Dr. Leon. „Am nächsten Tag wurden sie wieder in die Wiege gelegt und es stand ihnen frei sich Richtung des Zitronengeruches zu drehen.

„Fast ausnahmslos zeigten sie eine Vorliebe sich zu dem Geruch zu drehen." Abgesehen davon Defizite beim Stillen abzuschwächen, könnten diese Experimente „die Diagnose" und die frühe Behandlung von kognitiven Störungen bei Neugeborenen „beschleunigen", schrieben die Forscher.

The New York Times Editorials
11. August 1993

Die Auswirkungen von Trennungen von Joe Soll

An den Herausgeber:

Ich bin besorgt über das fehlende Wissen über die Auswirkungen der Trennung von Mutter und Kind direkt nach der Geburt („Cutting the Baby in Half." Leitartikel 1. Aug.). Ihre Aussage, dass ein Kind leidet, wenn es von seiner psychologischen – im Gegensatz zu seiner biologischen – Familie getrennt wird, ist so nicht ganz korrekt.

Was wir heutzutage über die Trennung des Neugeborenen von seiner Mutter wissen, deutet auf lebenslange Auswirkungen für Mutter und Kind hin. Das Neugeborene hat bereits eine Bindung zu seiner Mutter. Im letzten Trimester kennt der Fetus den Klang und den Rhythmus des Herzschlages und der Atmung seiner Mutter, kennt die Stimme seiner Mutter und „speichert" direkt nach der Geburt ihren Geruch.

Die Trennung von allem Sicheren ist ein psychischer Schock für das Neugeborene, ein Trauma, das zu psychischen Problemen führt, darunter Identitäts- und Beziehungsprobleme und ein geringes Selbstbewusstsein. (Kinder im Brutkasten weisen einige der gleichen Auswirkungen im späteren Leben auf.) Mütter, die Kinder freigegeben haben, werden ähnliche Schwierigkeiten haben.

Wir sollten dem Beispiel Australiens folgen: Eine Mutter kann ihr Kind erst zur Adoption freigeben, wenn es zwei Monate alt ist; nach der Freigabe hat die Mutter zwei Monate Zeit ihre Meinung zu ändern und wenn sie es tut, wird ihr das Kind umgehend zurückgegeben. Darüber hinaus müssen schwangere Frauen eine neutrale Beratung über die Folgen ihrer Entscheidungen bekommen. Die psychologischen Bedürfnisse eines Babys müssen verstanden werden, so dass Entscheidungen wirklich im besten Sinne des Kindes sind.

Anhang H:

Quellenangaben und Literatur-empfehlungen

Adoption Crossroads ist an über 470 Such- und Selbsthilfegruppen, angeschlossen, hat Empfehlungen zu Therapeuten und Anwälten in acht Ländern und Ressourcen, um weltweit zu helfen. Weitere Informationen gibt es telefonisch unter der Nummer 845-268-0283 oder 212-988-0110, per Post Adoption Crossroads, 74 Lakewood Drive, Congers, New York, NY 10920, auf der Website www.AdoptionCrossroads.org, die über 40 Seiten an Informationen über Suche und Unterstützung gibt, oder per E-Mail an info@adoptioncrossroads.org.

Joe Soll ermöglicht sechs Mal jährlich Heilungswochenenden. Informationen zum Terminplan, Standort und Anreiseinformationen der Heilungswochenenden gibt es auf www.AdoptionCrossroads.org/healing.shtml

Joe Soll ermöglicht ebenfalls einen nächtlichen Internetchat. Weitere Informationen gibt es unter www.AdoptionCrossroads.org/chat.html

Literaturempfehlungen: [35]

Adoptionsbezogen:

Allen, Elizabeth Cooper, *Mother, Can You Hear Me?*

Andersen, Robert, *2nd Choice: Growing Up Adopted*
_____, & Tucker, Rhonda, *The Bridge Less Traveled*

Gravelle, K., & Fischer S., *Where Are My Birthparents? A Guide for Teenage Adoptees.*

Guttman, Jane, *The Gift Wrapped in Sorrow*

Hughes, Ann H., *Soul Connection : A Birthmother's Healing Journey*

Lifton, Betty Jean, *Journey of the Adopted Self*
_____, *Lost and Found*
_____, *To Prison With Love*

Musser, Sandra, *I Would Have Searched Forever*
_____, *To Prison With Love*

Pavao, Joyce Maguire, *The Family of Adoption*

Robinson, Evelyn, *Adoption and Loss: the hidden grief*

Schaefer, Carol, *The Other Mother*

Solinger, Rickie, *Wake Up Little Susie: Single Pregnancy & Race Before Roe v. Wade,*

[35] AdÜ: Literaturempfehlungen der englischen Originalausgabe. Ergänzungen zur deutschen Ausgabe folgen auf S. 215.

Soll, Joe & Buterbaugh, Karen W. *Adoption Healing... a path to recovery for mothers who lost children to adoption*

Sorosky, A., Baran, A. & Pannor, R. *The Adoption Triangle. Sealed or Open Records: How They Affect Adoptees, Birthparents and Adoptive Parents*

Statistisches Bundesamt, Wiesbaden. "Statistiken der Kinder- und Jugendhilfe – Adoptionen 2010." 09 Aug. 2011. Web. 21 May 2012. <www.destatis.de>.

Taylor, Pat, *Shadow Train: A Journey Between Relinquishment and Reunion*

Verrier, Nancy Newton, *The Primal Wound: Legacy of the Adopted Child*

Inneres Kind:

Asper, Kathryn, *Abandoned Child Within: On Losing and Re gaining Self-Worth*

Bradshaw, John, *Homecoming. Reclaiming and Championing Your Inner Child*

Ferrucci, Piero, *What We May Be: Techniques for Psychologi cal and Spiritual Growth Through Psychosynthesis*

Miller, Alice, *Drama of The Gifted Child: The Search for the True Self*

Stettbacher, J. Konrad, *Making Sense Out of Suffering*

Whitfield, Charles L., *Healing the Child Within*

Allgemein:

Bass, Ellen & Davis, Laura, *The Courage to Heal: Guide for Women Survivors of Sexual Abuse*

Chamberlain, David, *Babies Remember Birth*

Chodorow, Nancy J., *The Reproduction of Mothering*

Edelman, Hope, *Motherless Daughters: The Legacy of Loss*

Estés, Clarissa Pinkola, *Women Who Run With The Wolves, The Gift of Story* and the *Faithful Gardner*

Gallagher, Winifred, *I.D.: How Heredity and Experience Make You Who You Are*

Hermann, Judith, *Trauma and Recovery*

Neubauer, Peter B. et al., *Nature's Thumbprint: The New Genetics of Personality*

Pearce, Joseph Chilton, *Magical Child*

Sark, *Living Juicy: Daily Morsels for your Creative Soul*

Verny, Thomas, *Secret Life of the Unborn Child*

Ergänzende Literatur für die deutschsprachige Ausgabe:

Kühn, Dr. phil. Peter G. (2013). Adoptionsforschung. Verfüg bar unter: http://www.adoptionsforschung.de [22.10.2014].

Epilog

> „Ich bin... auf der Suche nach etwas, etwas Unantastbarem, das ich verloren habe... Ich suche etwas, das aus meiner Seele herausgerissen wurde, etwas das ich niemals verlieren würde, etwas das jemand gestohlen hat...mitten in der Nacht!" – *River of Dreams* – Billy Joel

Mein Gesangslehrer erzählte mir eine Geschichte über einen der berühmtesten Komponisten, dessen Sohn zum Klavier ging „Do Re Mi Fa Sol La Ti" spielte und fortging. Sein Vater sah sich veranlasst die „Do" Taste zu drücken, um die Sequenz zu beenden.

Als Adoptierte und leibliche Mütter sind unsere natürlichen Sequenzen nicht beendet und wir fühlen ein tief sitzendes (das tiefste) Bedürfnis es zu vervollständigen. Wirklich unwiderstehlich und unbegreiflich für die meisten Personen, die es nicht erlebt haben und viele, die das Fehlen von Vollständigkeit erlebt haben, werden empfindungslos, um das schmerzvolle Wissen und die Gefühle - verbunden mit dem Verlust, der die Zerrüttung ursprünglich herbeigeführt hat - zu vermeiden. Wie Jane Guttman es so treffend bescheibt: „Dieses tief sitzende Bedürfnis wird (oftmals) ein Lebensentwurf."

Mir war der Schmerz des Verlustes meiner leiblichen Mutter deutlich bewusst und ich habe ihn seit ich vier Jahre alt bin, erlebt. Ich war mir dessen durchgängig bewusst, entweder direkt oder indirekt, als es vorbewusst war, sozusagen auf der „Zungenspitze", aber ich habe es weggedrängt. Ich musste es wegschieben, um zu überleben. Es fühlt sich so an, als müsste ich es nicht real machen. Also verleugnete ich es. Ich erzählte es nicht meinen Freunden oder meiner Frau. Es fühlte

216

sich so an als würde der Schmerz und die Traurigkeit mich vernichten, mein Herz entzwei reißen, wenn ich mich den Schmerz erleben lasse. Ich ging in Therapie, aber ich weigerte mich über Adoption zu sprechen. Ich sagte meiner Therapeutin durch Metaphern, dass ich adoptiert bin. Ich sagte meiner Therapeutin, dass ich sofort gehen würde, wenn sie das „A"-Wort benutzt. Ich meinte es so! Ich hatte das Wort Adoption in meinem ganzen Leben noch nie gesagt oder geschrieben und hatte es auch nicht vor, doch eines Tages fand ich heraus, dass es möglich war meine leibliche Mutter zu suchen. Meine Therapeutin ließ mir neun Monate lang keine Ruhe, wahrscheinlich kein zufälliger Zeitraum und schließlich ging ich zu meinem ersten Selbsthilfegruppentreffen. Ich versteckte mich draußen, wartete bis jemand „Nettes" in das Gebäude ging. Ich folgte ihm und traf andere adoptierte Personen. Ich fand heraus, dass man mich Adoptierter oder adoptierte Person oder adoptierter Erwachsener nannte. Kein Adoptivkind. Tatsächlich hatte ich zum ersten Mal in meinem Leben das Wort laut ausgesprochen. Ich sagte, dass ich adoptierte wurde. Die Welt ging nicht unter. Dieser Tag veränderte mein Leben für immer. Ich begann den Prozess „aufzuhören ein Opfer zu sein". Ich begann mit meiner Therapeutin über meine Gefühle über meine Verluste zu sprechen. Ich schluchzte, ich schrie, ich hatte Schmerzen wie nie zuvor oder zumindest dachte ich so. Dann kamen die Erinnerungen an den Schmerz in meiner Kindheit zurück, der konstante Schmerz, den ich hatte, hat Mauern aufgebaut, um den Schmerz abzuwehren.

Eines Tages in der Therapie, nach langer Zeit, sagte meine Therapeutin mitten in meinem schlimmsten Schmerz zu mir „Joe, du lebst endlich." Ich dachte sie hat ihren Verstand verloren. Ich krümme mich vor Schmerzen und schlage sozusagen wild um mich und sie sagt mir ich lebe! Was für eine Unverschämtheit! Aber... schließlich verstand ich, was sie meinte. Ich fühlte meine wahren Gefühle und überlebte. Sie brachten mich nicht um. Ich akzeptierte meinen Schmerz, er war ein Teil von mir und zeigte mir den Weg mein Fühlen und meine Heilung fortzusetzen. Ich stellte mich meinen Dämonen. Sie fühlten sich gigantisch groß an, prähistorisch und Feuer speiend. Doch meine Therapeutin mit ihrer unendlichen Geduld tröstete mich mit ihren Worten. Das ist nie zuvor passiert, dass ich in meinem Schmerz getröstet wurde. Das ungeheure Ausmaß meines Verlustet wurde endlich anerkannt und ich fühlte mehr und mehr Schmerz und ich fühlte mich zwischendurch besser und besser.

Ich habe 18 Jahre nach meiner leiblichen Familie gesucht und konnte bisher keinen leiblichen Verwandten finden. Ich weiß nicht wann oder wo ich geboren wurde. Skorpion passt gut zu mir, wahrscheinlich 1939 geboren, vermutlich im späten Herbst oder frühen Winter, verkauft durch einen Babyverkäufer namens Bessie Bernard. Ich könnte in New York oder Florida oder woanders geboren worden sein. Der Name meine Mutter könnte Haverman oder Habersack oder Wilson sein und sie hat vielleicht 677 Lexington Avenue in Manhattan gewohnt, als sie mit mir schwanger war. Sie kannte vermutlich einen Arzt namens Winklestein, aber das ist alles was ich habe und es sind alles Vermutungen. Ich habe nicht aufgegeben, aber ohne Sachinformationen kann ich nicht viel tun. Ich bin sehr wütend über mein Unvermögen meine leibliche Mutter oder einen anderen Verwandten zu finden. Ich bin wütend über die Umstände, die meine Mutter dazu gebracht haben zu glauben, dass sie mich nicht behalten konnte. Ich kanalisiere meine Wut in meine Arbeit, helfe Menschen und in zahlreiche körperliche Aktivitäten. Ich habe gelernt, wie ich meine Wut kanalisieren kann und es funktioniert wirklich. Ich habe gedacht, dass wenn ich meine Mutter oder einen anderen Verwandten niemals finden würde, ich nicht überleben würde,

> Meine persönliche Geschichte ist sehr ungewöhnlich. Lasst euch bitte nicht dadurch entmutigen zu suchen. Viele Personen haben Erfolg bei ihrer Suche. Die meisten haben keine fiktiven Geburtsdaten und Geburtsorte.

dass ich nicht glücklich sein könnte. Nun, das ist was ich dachte, aber der Suchprozess, in der Therapie zu sein und zu Selbsthilfegruppentreffen zu gehen, was meiner Meinung nach der wichtigste Aspekt ist, hat mir geholfen ausreichend zu heilen. Ausreichend, dass ich obwohl ich immer noch manchmal sehr großen Schmerz empfinde, ich den Schmerz nicht mehr so oft erlebe wie früher. Wenn er doch wiederkommt, nehme ich ihn wahr, lasse es bis zum Äußersten geschehen und es dauert nicht lange. Am wichtigsten von allem ist, dass ich keine Angst mehr vor meinen Gefühlen habe. Sie sind endlich erträglich. Ich habe keine Angst vor meinen eigenen Gefühlen. Wenn mir jemand vor zwanzig Jahren gesagt hätte, dass ich jemals dazu in der Lage wäre, diesen vorherigen Satz zu sagen, hätte ich ihm nicht geglaubt. Aber ich habe keine Angst und ich weiß, dass wenn DU diese Arbeit machst, kannst du auch aufhören vor dir selbst und deinen Gefühlen Angst zu haben. Wahres Glück kann nur zu denen kommen, die sich erlauben alle ihre Gefühle zu erleben, die guten und die schlechten. Ansonsten denken wir, das Glück die Abwesenheit unangenehmer Gefühle sein mag. Eine Wiedervereinigung nimmt den Schmerz, die Wut und die Traurigkeit nicht weg. Nur harte Arbeit kann das erreichen. Wiedervereinigungen sind aber natürlich sehr sehr wichtig. Doch sie sind lediglich das Sahnehäubchen. Selbst eine „schlechte" Wiedervereinigung hat ihren Nutzen. Wenigstens "kennst" du deine Wahrheit, egal wie sie ausschaut. Aber der Prozess ist der wichtigste Teil... die „Reise zum adoptierten Selbst" ist der Schlüssel zur Heilung. In fünfundzwanzig Jahren habe ich niemals jemanden getroffen, der es bereut hat zu suchen. Ich nehme an, dass es jemanden gibt, der so fühlt und das macht mich traurig. Suche *ist* wirklich

> „Ja, an jedem Ort, den ich betrachte, jedes Gesicht, das ich sehe, geht sie mir nicht aus dem Kopf; ich muss diesen Teil von mir finden. Ich vermisse sie mit der Zeit noch mehr, mehr als vorher. Ich werde mich bis zu meinem Tod fragen, wer meine Mutter ist." - *I Wonder Who My Mother Is?* – Gladys Shelley

eine Win-Win Situation, aus der alle Seiten Nutzen ziehen können

Ich weiß, dass viele von euch, die dieses Buch lesen, großen Schmerz empfinden. Nehmt einen Moment und zählt eure Narben. Seid stolz auf eure Narben, denn sie sind der Beweis dafür, dass ihr überlebt habt.

Ich hoffe, dass du verstehst, dass es Hoffnung gibt. Der Schmerz, die Wut und die Traurigkeit sind kontrollierbar. Du kannst auch aufhören Angst vor deinen eigenen Gefühlen zu haben. Du kannst es wirklich! Wie du das machen kannst, ist mein Geschenk an dich. Ich hoffe wirklich, dass du es nach dem Lesen dieses Buches auspacken kannst. Es wurde mit Fürsorge und Sorgfalt von jemandem versandt, der weiß wie schlimm, aber auch wie gut es sein kann.

Mit den Worten von Louis Mann „Nur durch Tränen gereinigte Augen können klar sehen."

„Verletzungen, die durch Trennung von Mutter und Kind entstanden sind, können mit Zeit und Arbeit effektiv bis zu dem Punkt behandelt werden, an dem der Verlust nicht täglich unser Leben beeinträchtigt. Stattdessen zeigt sich der Schmerz ein paar Mal im Jahr. Wir müssen vielleicht weinen, umarmt werden und unsere Wut rauslassen, aber der Schmerz wird von Mal zu Mal schneller vorüber gehen."
Joe Soll, Mai 2008

Über den Autor

Joe Soll ist Psychotherapeut und Dozent, der internationional als Experte in adoptionsbezogenen Themen anerkannt ist und ehemaliger außerordentlicher Professor für Sozialarbeit an der Fordham University Graduate School. Er ist Leiter und Mitbegründer von **Adoption Crossroads** in New York City, einer gemeinnützigen Organisation, die Adoptierte, leibliche Eltern und Adoptiveltern unterstützt und hilft, sich wiederzufinden.

Adoption Crossroads ist an über 475 Adoptionsagenturen, psychosozialen Einrichtungen, Adoptionssuchen und Selbsthilfegruppen in acht Ländern angeschlossen und vertritt über 500.000 Personen, deren Leben durch Adoption beeinflusst wurde. **Adoption Crossroads** engagiert sich die Öffentlichkeit über Adoptionsthemen aufzuklären, Familien aufrechtzuerhalten und bestehende Adoptionsverfahren zu reformieren.

Der Leiter und Gründer des **Adoption Counseling Center** in New York City, Joe Soll ist auch Ko-Organisator und Ko-Vorsitzender der **New York State Adoption Agency Task Force**; Mitglied von Matilda Cuomo's 1993 **Advisory Council on the "Adoption Option"**; Konferenzvorsitzender und Vorstandsmitglied des **American Adoption** Congress, ehemaliger Treuhänder der **International Soundex Reunion Registry** und ehemaliger Berater des **Center for Family Connections**. Er ist Mitglied der **American Orthopsychiatric Association**, der **American Association of Grief Counselors** sowie Mitglied des **Council on Social Work Education**, der **National Association of Social Workers** und der **National Academy of Television Arts and Sciences**.

Seit 1989 hat Joe Soll acht internationale Fachkonferenzen zur psychischen Gesundheit bei Adoption für Fachkräfte und von Adoption Betroffene organisiert und koordiniert. Er ist Sachverständiger in Gerichtsverfahren mit adoptionsbezogenen Themen gewesen und hat zahlreiche Vorträge bei Adoptionsagenturen, Schulen für Sozialarbeit, psychosozialen Einrichtungen und Fachkonferenzen zur psychischen Gesundheit in den USA und Kanada gehalten.

Joe Soll ist mehr als 300 Mal im Radio und Fernsehen aufgetreten, hat mehr als 150 Vorträgen zu adoptionsbezogenen Themen gehalten und wurde in mehr als drei Dutzend Zeitungen, Büchern und Zeitschriften vorgestellt oder zitiert. 1994 wurde er als Therapeut in dem NBC TV Film über Adoption *The Other Mother* dargestellt. Er spielte sich selbst in dem Original-HBO Film *Reno Finds Her Mom.* Er wurde 2001 in der mit dem Telly Award ausgezeichneten weltweiten japanischen Dokumentation „Adoption Therapist: Joe Soll." gezeigt. Seine eigene Geschichte als Adoptierter wurde mehr als drei Dutzend Mal bei Unsolved Mysteries geschildert. Er ist die 250 Meilen von New York City nach Washington, D.C. sechs Mal gelaufen, um der Öffentlichkeit die Notwendigkeit einer Adoptionsreform bewusst und deutlich zu machen. Er lebt in Congers, NY and hat ein Büro in New York City.

Über die Übersetzerin

Cornelia Nietzschmann, geb. am 03.05.1987 in Leipzig, nahm im Rahmen ihrer Bachelorarbeit *Auswirkungen einer Adoption im Säuglings- und Kindesalter auf das Bindungsverhalten* Kontakt zu Joe Soll auf. Im weiteren Verlauf entstand das gemeinsame Buchprojekt *Heilungsprozess für Adoptierte – ein Weg zur Verarbeitung*. Nach erfolgreichem Abschluss des Bachelor of Arts in Erziehungswissenschaften und English Studies an der Universität zu Köln war sie zunächst als pädagogische Fachkraft in einer familienanalogen Inobhutnahmeeinrichtung für Säuglinge und Kleinkinder tätig sowie nebenberuflich als Co-Therapeutin für ABA/VB-Therapie für ein Kind mit Autismus. Anschließend arbeitete sie als englischsprachige Gruppenleitung nach der Immersionsmethode in einer U3-Gruppe einer Kindertagesstätte. Derzeit absolviert sie ihr Masterstudium in Erziehungs- und Rehabilitationswissenschaften an der Universität zu Köln und engagiert sich ehrenamtlich in der DLRG.